AF462509

SOCIÉTÉS

ET

ASSOCIATIONS

BIBLIOTHÈQUE NATIONALE IMPRIMÉS

Règles pratiques de Constitution et de Fonctionnement

PAR MM.

J. BENOIST
Ancien Avocat général près la Cour de Cassation

A. LE VAVASSEUR
Avocat

A. CELIER
Avocat

H. TAUDIÈRE
Professeur à la Faculté libre de Droit de Paris

NEUVIÈME ÉDITION

SUIVIE D'UN RÉSUMÉ DE LÉGISLATION FISCALE ET DE MODÈLES DE STATUTS

ET ENTIÈREMENT REFONDUE

Prix : 3 francs

PARIS

MARCHAL ET BILLARD
LIBRAIRES-ÉDITEURS
27, place Dauphine, 27

BUREAUX
DE LA
SOCIÉTÉ GÉNÉRALE D'ÉDUCATION
35, rue de Grenelle, 35

1909

8° F 20410

BIBLIOTHÈQUE NATIONALE R.F.

PRÉFACE

La Société générale d'Éducation et d'Enseignement *ne pouvait rendre un plus bel hommage à la mémoire de ses éminents collaborateurs,* MM. d'Herbelot et Pagès, *que de publier, en raison des changements opérés dans la législation, une nouvelle édition du* Traité de la Constitution des Sociétés en vue de l'établissement d'écoles libres, *dont ils étaient les véritables auteurs, et dont six éditions successives ont assez dit le mérite. Rien ne pouvait, d'ailleurs, mieux répondre aux plus chères préoccupations de ceux qui, après eux, estiment qu'il n'est pas de sujet se liant plus intimement aux droits sacrés des pères de famille, que de leur fournir des armes légales pour défendre la liberté d'enseignement dans la lutte engagée pour la détruire.*

A cet effet, un travail tout nouveau s'imposait pour indiquer, dans une sorte de Précis à la fois théorique et pratique, les moyens dont, en dépit des difficultés et des entraves que l'esprit sectaire accumule dans la législation, on peut encore user pour assurer, sous la forme de Sociétés ou d'Associations, la création et l'entretien d'établissements d'enseignement libre.

Dans le cadre étroit où il devait se produire, ce travail, confié aux soins de MM. Celier, Taudière et Le Vavasseur, *ne pouvait être fait d'une façon plus complète, avec plus de méthode et de clarté. Des divisions et des subdivisions y facilitent les recherches, et les notes qui accompagnent le texte prouvent que les auteurs n'ont rien affirmé que ce que la jurisprudence et la doctrine la plus autorisée ont consacré. Si parfois il se présente une question neuve que les tribunaux n'ont pas encore eu à envisager, ils ont soin d'en prévenir leurs lecteurs, en fondant sur des motifs qui semblent défier la contradiction la solution qui leur paraît devoir être adoptée.*

Avec une remarquable précision, ils ont fait ressortir les conditions substantielles du contrat de Société, — la distinction à faire entre les Sociétés et les Associations, — le caractère particulier des

Sociétés civiles, commerciales ou à forme commerciale, — leur personnalité et les conséquences qui s'y rattachent, — leur mode de fonctionnement, — les avantages et les inconvénients qu'elles peuvent respectivement présenter, — ainsi que les clauses nécessaires ou utiles à insérer dans les statuts.

S'agit-il d'indiquer les conditions dans lesquelles la forme de l'association peut s'adapter à la fondation d'écoles libres, un commentaire succinct, mais à ce point de vue complet, de la loi du 1er juillet 1901, fait connaître les éléments constitutifs de l'association, — les formalités à remplir pour la création d'associations non déclarées, déclarées ou reconnues d'utilité publique, — les raisons de préférence qui doivent entre ces différents modes guider le choix, — les actes de la vie civile que, selon leur nature, ces associations peuvent accomplir et ceux qui leur sont interdits, — les sanctions susceptibles de s'appliquer à l'omission des règles qui leur sont imposées, sans oublier de signaler les graves dangers que certaines infractions peuvent présenter, en raison du droit de provoquer la nullité qui peut en résulter, attribué au ministère public, dont un zèle intéressé pourra bien quelquefois inciter les sévérités.

A ces notions générales se trouvent joints de précieux renseignements sur les dispositions fiscales applicables soit aux Sociétés, soit aux Associations, et des modèles de statuts qui ne seront pas sans utilité, et pour la rédaction desquels la Société d'Éducation *maintient les offres de conseils qu'elle donne si libéralement à ceux qui en ont besoin.*

A tous ces titres, les règles pratiques de constitution et de fonctionnement des Sociétés et des Associations, résumées dans le Précis qu'elle présente au public, ne peuvent manquer de rendre d'immenses services pour la sauvegarde des intérêts si graves qui s'attachent au maintien des écoles libres. Cette nouvelle édition aura, de plus, l'avantage de raffermir la confiance, de calmer les inquiétudes que la succession des lois et des mesures dirigées contre elles a pu parfois faire naître, et de montrer que les pères de famille ont encore à leur disposition des moyens légaux de défendre leurs droits et ceux de leurs enfants. Ce ne sera pas le moindre mérite d'une œuvre que recommandent à la fois le but qui l'a inspirée et les garanties que comportent la science et l'expérience de ceux qui l'ont réalisée.

J. BENOIST.

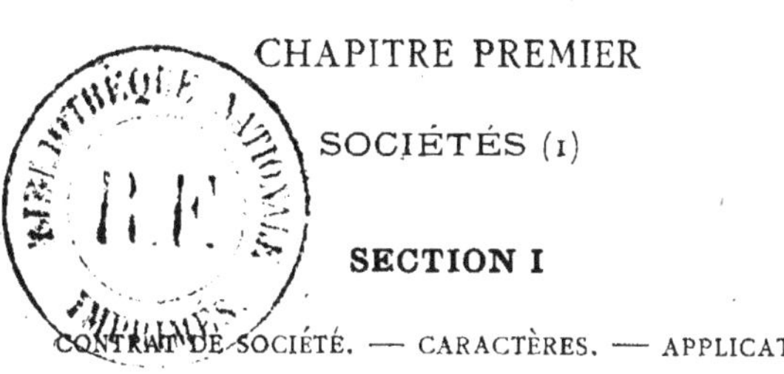

CHAPITRE PREMIER

SOCIÉTÉS (1)

SECTION I

CONTRAT DE SOCIÉTÉ. — CARACTÈRES. — APPLICATION

§ I. — *Définition.* — *Législation.*

L'article 1832 du Code civil définit la société : « Un contrat par lequel deux ou plusieurs personnes conviennent de mettre quelque chose en commun dans la vue de partager les bénéfices qui en pourront résulter. » Nous aurons à revenir sur les caractères essentiels du contrat qui se dégagent de cette définition. (Voir ci-dessous, § 3.) Dès à présent, remarquons que, d'après la définition même, la vue de partager un bénéfice est de l'essence de la Société. Les contractants doivent nécessairement se proposer un but lucratif, ce qui différencie la Société du contrat d'association introduit nommément dans notre droit par la loi du 1er juillet 1901. « L'association, dit cette loi, article 1er, est la convention par laquelle deux ou plusieurs personnes mettent en commun d'une façon permanente leurs connaissances ou leur activité dans un but autre que de partager des bénéfices. » Les deux définitions se correspondent et se complètent.

L'association, excluant tout bénéfice, est régie par la loi du 1er juillet 1901 (2).

Les règles du contrat de Société se trouvent dans le Code civil (l. III, tit. IX, art. 1832 à 1873), dans le Code de commerce

(1) Afin de bien préciser le but de ce chapitre, nous prions de remarquer qu'il a été conçu et écrit exclusivement en vue des cas limités où des écoles libres, orphelinats ou autres institutions peuvent tirer avantage de l'existence d'une Société. Sur la comparaison et les différences entre le contrat de Société et le contrat d'association v. Hayem : *Domaines respectifs de l'Association et de la Société* (Paris, 1907).

(2) Voir chap. II.

(l. I, tit. III, art. 18 à 64), et dans l'importante loi du 24 juillet 1867, modifiée par celles du 1er août 1893, du 9 août 1902 et du 16 novembre 1903, enfin dans une disposition récente d'une loi de finances, l'article 3 de la loi du 30 janvier 1907 (1).

§ II. — *Applications du contrat de société.*

Le rapprochement de l'association et de la Société avec la différence substantielle que cette dernière comporte forcément la possibilité d'un bénéfice à réaliser, fait comprendre dans quels cas il pourra être utile, pour ceux en vue de qui ces lignes ont été écrites, de contracter une Société.

S'agit-il, par exemple, d'acquérir des immeubles destinés à des écoles, à des œuvres charitables, le capital nécessaire sera réuni et les souscripteurs formeront une Société ayant pour objet l'acquisition et l'exploitation des immeubles. La Société devenue propriétaire louera ses immeubles. Les loyers perçus constitueront le bénéfice qui sera réparti sous forme de dividende. On peut supposer qu'au lieu d'acheter, la Société recevrait un immeuble à titre d'apport, si le propriétaire qui aliène son immeuble consentait à devenir membre de la Société. (Voir ci-dessous, § 3.) Ces opérations sont absolument régulières et normales. Elles peuvent être faites avec sécurité, avec éventualité de bénéfices par suite de locations avantageuses et de la plus-value possible des bâtiments et des terrains. La Société établie dans ces conditions pourra rendre de grands services aux œuvres auxquelles s'intéressent nos lecteurs.

Une autre hypothèse qui légitime et explique très bien la constitution d'une Société, c'est la direction et l'exploitation d'un établissement d'enseignement payant dont les bénéfices devraient être répartis entre les sociétaires.

Mais il faut insister sur la nécessité, pour que le contrat de

(1) Des modifications du régime législatif des Sociétés sont encore à l'étude. Une Commission a été nommée en 1902 ; ses travaux ont abouti au dépôt de deux projets. — Le Parlement est actuellement saisi de diverses propositions sur la matière. Cf. le rapport de notre confrère et ami M. Le Marois, au *Comité consultatif du contentieux et de législation de l'Action libérale* (circulaire du Comité, n° 8).

Société soit valable, d'un profit possible, d'une pensée de lucre dans l'esprit des contractants. L'absence de but lucratif est exclusive de la Société telle que l'entend notre droit français. S'il apparais- sait un but autre que celui de partager un bénéfice, celui-ci étant impossible, la convention intervenue serait une association et non une Société, malgré la forme qu'elle aurait pu revêtir et mal- gré l'intention des parties. Cette convention devrait être soumise aux prescriptions de la loi du 1er juillet 1901 et, faute d'accomplissement des formalités exigées par cette loi, pourrait être déclarée nulle. Le ministère public peut d'office poursuivre cette nullité (1).

La jurisprudence a appliqué très rigoureusement la distinction entre les Sociétés et les associations aux Sociétés ayant pour but de soutenir des écoles; elle y a vu le plus souvent, parce qu'elles poursuivaient « un but religieux principal ou prédominant », des « Associations religieuses » au regard de la loi fiscale (2). A ces décisions rendues en matière fiscale, nous le répétons, il faut joindre celles rendues en matière de congrégations religieuses. Les liquidateurs ont souvent obtenu de faire considérer les Sociétés propriétaires des immeubles occupés par les Congrégations comme n'étant que fictives. Dans les cas, au contraire, où la jurisprudence reconnaît que les Sociétés sont valables et régulières, il y a des indications dont il faut tenir compte et auxquelles il faut s'attacher. S'il est constaté, en fait, que la Société a été réellement créée et a fonctionné dans le but spécifié en son pacte social, par exemple si s'étant donné pour objet les opérations immobilières, elle a en réalité uniquement fait ces opérations prévues, la Société doit être maintenue dans ses droits. C'est ce qu'a jugé la Cour de Cassation (3). Les fondateurs et administrateurs des Sociétés devront donc ne pas perdre de vue les règles qui résultent de cette jurisprudence.

§ III. — *Conditions essentielles à l'existence d'une Société.*

De la notion donnée (§ 1er) de la Société ressortent les conditions de son existence. Nous avons déjà mentionné le but d'un

(1) V. ci-dessous, chap. II.

(2) *Bulletin de la Société d'Éducation*, 1908, pp. 1014 et suiv. Cf. les arrêts reproduits et les observations qui les accompagnent.

(3) V. notamment Cass., 19 octobre 1908. *Bull.* précité, 1908, p. 951.

bénéfice à partager ; il y a lieu d'insister et de distinguer les caractères constitutifs du contrat de Société.

A. — *Apport de chaque associé.* — Il faut d'abord, puisque, d'après la définition, notre contrat est celui par lequel plusieurs personnes « conviennent de mettre quelque chose en commun », il faut que tous les contractants contribuent dans une certaine mesure et d'une certaine manière à la formation de cette chose commune. C'est ce qu'on appelle faire apport à la Société. Le montant des divers apports forme le capital social. Les apports peuvent n'être pas tous de même nature ; l'un des associés peut apporter de l'argent, un autre un immeuble, en propriété ou en usufruit, un autre son industrie. (Code civil, art. 1833.) Mais aucun ne peut se soustraire à cette obligation de faire un apport sérieux défini, appréciable ; sans cela, il n'y aurait pas Société.

B. — *Intention de partager le bénéfice réalisé.* — Les parties contractantes doivent avoir pour but de réaliser des bénéfices en argent, à partager entre elles. C'est une condition indispensable, qui découle, comme nous l'avons déjà remarqué (§ 1er), des termes mêmes de la définition de notre contrat. Une Société serait absolument nulle si elle n'avait pas ce but, et il faut qu'on ne puisse pas prouver que, en fait, ce bénéfice était impossible à réaliser et que l'esprit de lucre était absent du contrat. Le bénéfice à réaliser doit être le résultat des opérations sociales et constituer un gain matériel, quelque chose qui ajoute à la fortune des associés (1). Il ne leur suffirait pas de poursuivre un avantage moral (2). La Cour de Cassation s'est prononcée dans ce sens spécialement en matière de sociétés créées en vue de la fondation et de l'entretien d'écoles privées, mais ne présentant aucune possibilité de bénéfice (3).

C. — *Participation aux bénéfices et aux pertes.* — Chaque associé doit avoir une certaine part dans les profits et aussi supporter une part dans les pertes.

(1) Pont : *Sociétés civiles et commerciales*, I, n° 69.

(2) Dalloz : *Rép. suppl.* : v° *Société*, n° 129.

(3) Cassation, 29 janvier 1897. D. 98, 1. 108 ; — Cassation, 29 décembre 1897; *Gazette des Tribunaux*, 29 janvier 1898.

La condition essentielle de la Société étant de pouvoir partager des bénéfices, celui qui n'y participerait pas ne serait pas un véritable associé et le contrat serait vicié par ce fait. La part sera déterminée par l'acte de Société ou, à défaut de convention à cet égard, par la loi, qui dispose que cette part sera en proportion de la mise dans le fonds de la Société. (Code civil, art. 1853).

Il ne peut être convenu que la totalité des bénéfices appartiendra à un des associés, ni qu'un associé sera affranchi de toute contribution aux pertes. Ces conventions seraient nulles. (Code civil, art. 1855.)

— Il va de soi que, indépendamment de ces conditions essentielles, propres au contrat de Société, toutes les conditions de droit commun pour la validité des contrats doivent être observées : consentement, capacité des parties, objet certain, cause licite. (Voir Code civil, l. III, tit. III, c. II, art. 1108 à 1133.)

SECTION II

DIVERSES SORTES DE SOCIÉTÉS

§ I. — *Sociétés civiles.* — *Sociétés commerciales.* — *Criterium de la distinction.*

La grande distinction au point de vue pratique est celle qui doit être faite entre les *Sociétés civiles* et les *Sociétés commerciales*. En principe, une Société ne revêt pas, à son gré, l'un ou l'autre de ces caractères ; c'est son objet, ce sont ses opérations et ses actes qui déterminent sa nature. Il y a parité, à cet égard, entre les Sociétés et les individus. Pour ceux-ci, la qualité de commerçant dépend du fait de l'exercice des actes de commerce à titre de profession habituelle. (Code de Commerce, art. 1.) Pour les Sociétés, elles seront commerciales si elles font des actes de commerce (1). Les autres Sociétés sont des Sociétés civiles. C'est donc d'après l'objet des opérations que l'on a en vue que se détermine la nature civile ou commerciale d'une Société. La

(1) Sur les actes réputés légalement *actes de commerce*, cf. Code de Commerce, articles 632 et suiv.

jurisprudence est fixée sur ce point (1). Il faut noter aujourd'hui une exception au principe. Depuis la loi du 1er août 1893, qui a ajouté un article 68 à la loi du 24 juillet 1867, les Sociétés qui se constituent en la forme de Sociétés du Code de Commerce, « quel que soit leur objet », sont commerciales. Désormais, la forme emporte le fond ; c'est la forme seule qu'il faut considérer pour toute une catégorie; les Sociétés en commandite et anonymes sont des Sociétés de commerce, encore que leurs opérations demeurent étrangères au commerce.

§ II. — *Sociétés civiles.*

D'après les règles qui viennent d'être résumées dans le paragraphe ci-dessus, sera civile toute Société ne se livrant pas à des opérations rangées par la loi dans la catégorie des actes de commerce. Par conséquent, elle sera, dans le droit commun et à part l'exception signalée *in fine* du paragraphe précédent, en ce qui concerne l'adoption de certaines formes, elle sera régie par les dispositions du Code civil et non par la loi commerciale.

Sont considérées comme opérations civiles ne constituant pas un acte de commerce l'exploitation d'un établissement d'enseignement; la Société formée pour la direction d'une maison d'éducation a donc un caractère civil (2).

La doctrine s'accorde aussi à ne point ranger parmi les opérations commerciales celles qui ont pour objet les immeubles (3).

Sont ainsi des Sociétés civiles celles se proposant pour but l'acquisition et la revente d'immeubles (4) ou leur location et sous-location (5).

(1) Cassation, 8 novembre 1892, 27 décembre 1802, D. 93, 1. 78. Voir aussi Pont : *Op. cit.*, I, n° 104 ; — Lyon-Caen et Renault : *Traité de droit commercial*, II, n° 91 ; — Houpin : *Traité des Sociétés civiles et commerciales*, I, n° 72 ; — Thaller : *Traité de droit commercial*, n° 241.

(2) Paris, 25 juillet 1852, D. 53, 2. 102 ; — Toulouse, 23 mars 1887, D. 87, 2. 233. — Voir aussi Dalloz : *Rép. Supl.* ; V° *Acte de commerce*, n° 95 ; — Pont : *Op. cit.*, n° 115 ; — Baudry-Lacantinerie et Wahl : *Traité de droit civil*, xx, *Des Sociétés*, p. 122 ; — *Contra* Guillouard (*Traité de contrat de Société*, n° 99), qui refuse aux conventions ayant ce but le caractère de Sociétés.

(3) Dalloz : *Rép. Suppl.*, V° *Acte de commerce*, n°s 11 et 132.

(4) Paris, 15 février 1868, D. 68, 2. 208.

(5) Bordeaux, 4 août 1856, D. 57, 2. 77 ; — Paris, 13 juillet 1861, D. 61, 5. 9 ; — Pont : *Op. cit.*, I, n° 106 ; — Houpin : *Op. cit.*, I, n° 73 ; — Guillouard : *Op. cit.*, n° 2.

On le voit, les Sociétés qui auront utilisé les conseils rassemblés en cet opuscule seront, à moins de circonstances tout à fait exceptionnelles, des Sociétés civiles, que leur objet soit l'exploitation d'immeubles ou bien qu'elles aient pour but la direction d'établissements d'enseignement payants.

Remarquons enfin qu'en matière de Sociétés civiles, la loi distingue (Code civil, art. 1835 à 1842) entre les Sociétés universelles et les Sociétés particulières. Ces dernières sont celles s'appliquant à certaines choses déterminées, constituées en vue d'une entreprise déterminée. (Art. 1841, 1842.) Ce sont les seules dont nous puissions avoir à nous occuper. Les Sociétés de commerce appartiennent à cette seconde espèce de Sociétés.

§ III. — *Sociétés commerciales.*

Suivant les distinctions établies (sect. 2, § 1er), les Sociétés commerciales sont celles qui ont pour objet de faire des actes de commerce. Or, nous venons de le constater, les opérations des Sociétés qui nous occupent n'auront pas ce caractère (ci-dessus, § 2). Cependant il importe de résumer ici quelques règles applicables aux Sociétés commerciales, parce que les Sociétés civiles peuvent emprunter — et empruntent fréquemment — les formes de ces Sociétés. (Voir ci-dessous, § 4.)

L'article 19 du Code de Commerce distingue trois espèces de Sociétés : la Société en *nom collectif;* la Société en *commandite ;* la Société *anonyme.* Ces Sociétés peuvent être divisées en deux groupes : 1° Société de *personnes* ou par *intérêts*, et 2° Société de *capitaux* ou par *actions* (1).

A. — *Sociétés de personnes ou par intérêts.* — Dans ces Sociétés, les associés se choisissent en considération de leurs qualités personnelles. Ils s'engagent personnellement et solidairement. La Société cesse à la mort d'un des associés. La part de chacun ne peut être cédée à un autre sans le consentement de tous les autres.

Prennent place dans cette catégorie les Sociétés en nom collectif et les Sociétés en commandite simple.

B. — *Sociétés de capitaux ou par actions.* — Ici on ne tient

(1) Lyon-Caen et Renault : *Op. cit.*, II, n° 100.

compte que du capital versé par chaque associé. La mort d'un associé n'a pas d'influence sur la durée de la Société. L'associé peut mettre une autre personne à sa place en vendant sa part, sans l'assentiment de ses coassociés. Aucun associé ne s'engage à répondre en son nom sur tous les biens des engagements contractés par la Société..

Les associés peuvent ne pas se connaître.

Ces sortes de Sociétés conviennent aux entreprises d'une certaine importance exigeant des fonds considérables, et parfois le concours d'un grand nombre de capitalistes. Les fondateurs déterminent le chiffre supposé nécessaire pour une entreprise. Ce capital est divisé en fractions égales. Ce sont les *actions* que le public peut être invité à souscrire. Ces actions sont cessibles et transmissibles. La loi accorde même des facilités pour leur transmission. Elles sont négociables ; elles peuvent être cédées par simple tradition, si le titre est *au porteur*, par voie de transfert inscrit sur les registres de la Société, s'il est *nominatif*. (Code de Commerce, art. 35 et 36.) On admet aussi que l'action peut être cédée par endossement si elle est *à ordre;* c'est-à-dire si le titre porte cette mention (1).

La Société *anonyme* et les Sociétés en *commandite par actions* appartiennent à ce groupe. Cette dernière, en effet, peut avoir son capital divisé en actions. (Code de Commerce, art. 38.) Elle réunit ainsi les deux caractères : c'est une Société de personnes pour les *commandités,* les associés responsables et solidaires ; ce peut être une Société par actions pour les associés bailleurs de fonds, les *commanditaires*.

Les Sociétés, pour compléter leurs ressources, peuvent ou augmenter leur capital social en émettant des actions nouvelles, ou bien emprunter. L'emprunt peut être fait par voie d'émission d'*obligations* (2). Ce sont des titres négociables comme les actions, représentant chacun une fraction de la somme empruntée. Mais les obligataires, à la différence des actionnaires, ne sont que des prêteurs, non des associés. Ils ne participent point aux risques ni aux chances de gain de la Société ; ils ont droit à

(1) Pont : *Op. cit.*, II, n° 911 ; — Lyon-Caen et Renault : *Op. cit.*, II, n° 597; — Cf. Cassation, 4 décembre 1867, D. 68, 1. 175.

(2) Voir chap. III, II, en ce qui concerne les questions fiscales relatives aux emprunts et obligations des Sociétés.

un intérêt et, à titre de créanciers, doivent être remboursés sur le capital-actions qui est leur gage (1).

§ IV. — *Sociétés civiles à forme commerciale.*

Ce sont ces formes, prévues par le Code de Commerce, et que nous venons d'énumérer dans le paragraphe précédent, qui sont appelées formes commerciales. Elles ne sont pas exclusivement réservées aux Sociétés ayant le commerce pour objet. Une Société civile peut revêtir la forme commerciale. En l'absence de tout texte prohibitif, c'est une application du principe de la liberté des conventions (2).

La loi du 1er août 1893 a formellement reconnu aux Sociétés civiles la faculté de se constituer sous la forme de Sociétés commerciales, puisqu'elle dispose, dans un des articles qu'elle ajoute à la loi de 1867 (art. 68 nouveau), que, « quel que soit leur objet, ces Sociétés en commandite ou anonymes, qui seront constituées dans les formes du Code du Commerce ou de la présente loi, seront commerciales ». Il résulte bien de cette disposition que la loi reconnaît aux Sociétés civiles par leur objet la faculté d'emprunter les formes commerciales, mais aussi que l'adoption de ces formes aura pour conséquence, à l'égard des Sociétés constituées depuis la promulgation de cette loi du 1er août 1893, de les soumettre aux obligations que les lois et usages du commerce imposent aux sociétés commerciales. (Cf. ci-dessus, sect. II, § 1er.) Ce texte a tranché pour l'avenir tous les points antérieurement discutés sur la condition légale des Sociétés ayant un objet civil, et revêtant une forme commerciale (3). Elles sont désormais traitées comme des Sociétés de commerce, ce qui entraîne des conséquences que nous constaterons en étudiant les règles de fonctionnement de ces Sociétés. (Voir sect. III, § 3.)

(1) Sur l'obligation dans les Sociétés, cf. Houpin : *Op. cit.*, I, titre XI.

(2) Ainsi, il a été jugé que la Société créée pour l'établissement d'une institution d'enseignement secondaire peut, en vertu du principe de la liberté des conventions, adopter la forme de l'une des Sociétés commerciales énumérées dans l'article 19 du Code de commerce ; Toulouse, 23 octobre 1886, D. 86, I. 233 ; — Voir Dalloz : *Rép. Suppl.;* V° *Société*, nos 2098 et suivants ; — Pont : *Op. cit.*, I, n° 122 ; — Houpin : *Op. cit.*, I, n° 2.

(3) Lyon-Caen et Renault : *Op. cit.*, deuxième édition, appendice au tome II, n° 48.

§ V. — *Sociétés à capital variable.*

Cette forme de Société introduite dans notre législation par la loi du 24 juillet 1867 (tit. II) avait surtout pour but, dans l'intérêt des classes ouvrières, de favoriser les Sociétés coopératives. Leur nom est tiré d'un de leurs caractères distinctifs : le capital n'est pas fixe. Ce n'est point, du reste, un type nouveau, mais la variabilité du capital est une modalité des autres Sociétés. Les faveurs accordées par la loi à ce genre de Sociétés pour en faciliter la constitution ne paraissent pas devoir les faire adopter ordinairement pour les Sociétés auxquelles s'intéressent nos lecteurs. Elles ont été conçues par le législateur, comme on l'a dit déjà, pour une tout autre destination (1).

Les Sociétés à capital variable peuvent se constituer après que le *dixième* seulement de chaque action a été versé (loi de 1867, art. 51), au lieu du *quart* exigé pour les autres Sociétés (art. 1er). Le taux des actions pouvait être de 50 francs au lieu de 100 francs, ce qui jusqu'à la loi du 1er août 1893 constituait une faveur, ainsi que nous le verrons plus tard. Les associés ont la faculté de retirer leur mise (loi de 1867, art. 48); c'est même le caractère essentiel de ces Sociétés. Cette faculté cesserait si le capital était réduit au dixième du capital souscrit ou à telle somme supérieure qu'auraient fixée les statuts. (Loi de 1867, art. 51.) Enfin, si chaque associé peut se retirer de la Société, la Société peut se réserver le droit d'exclusion d'un associé ; il peut être stipulé que l'assemblée générale aura le pouvoir de décider que l'un ou plusieurs des associés cesseront de faire partie de la Société (art. 52).

Mais, à côté de ces avantages, il faut noter que l'associé qui aura cessé de faire partie de la Société reste cependant responsable pendant cinq ans des obligations existant au moment de sa retraite (art. 52, § 3). D'ailleurs, la variabilité du capital n'en pourra pas moins devenir un obstacle à la sécurité des opérations sociales, qui, dans les Sociétés que nous avons en vue, comportent une certaine fixité. Il semble donc qu'il n'y a pas lieu d'insister davantage sur la Société à capital variable dont le type

(1) Voir l'exposé des motifs et le rapport au Corps législatif sur cette partie de la loi de 1867. D. 67, 4. 116.

ne saurait être conseillé pour la plupart des cas intéressant les lecteurs de cet opuscule.

SECTION III

CONSTITUTION ET FONCTIONNEMENT DES DIVERSES SOCIÉTÉS

§ I. — *Personnalité des Sociétés.*

Sans entrer ici dans l'exposé des théories diverses de la personnalité morale, ni même poser les termes de ce problème juridique très complexe (1), il paraît nécessaire de dire sommairement ce qu'est la personnalité des Sociétés et quelles en sont les conséquences principales.

A. — *Notion de la personnalité des Sociétés.* — On peut considérer les Sociétés comme ayant une individualité juridique distincte de celle des associés; elles forment ainsi un être de raison, un être moral particulier, qui est une *personne*, c'est-à-dire, dans la langue du droit, « un être capable de posséder des droits ou d'avoir des obligations (2) ».

Cet attribut de la personnalité n'est pas contesté aux Sociétés commerciales, bien qu'il ne résulte pas directement de textes formels ; mais on le regarde comme supposé par certains articles de nos codes consacrant des solutions qui semblent s'expliquer par l'idée de personnalité (3). Cette solution est universellement

(1) On trouvera le dernier état de la question exposé dans Thaller : *Traité élémentaire de Droit commercial* (troisième édition, 1904), nos 274 et suiv. Planiol : *Droit civil* (quatrième édition), I, p. 975. — Voir aussi une note substantielle de M. Terrat dans le *Compte rendu du IVe Congrès scientifique des Catholiques*, Sciences juridiques, p. 315 (Fribourg, 1898), l'ouvrage de M. le Marquis de Vareilles-Sommières : *Les Personnes morales* (Paris, 1902) ; — Boistel : *Conception des personnes morales*, Rapport au Congrès de philosophie, 1904 ; — Clunet : *Les Associations au point de vue historique et juridique* (Paris, 1909), I, p. 287, et le livre magistral de A. Michoud : *La théorie de la personnalité morale* (Paris, 1906).

(2) Aubry et Rau : *Cours de Droit civil d'après la méthode de Zachariæ*, I, § 52 ; — Baudry-Lacantinerie et Houques-Fourcade : *Traité de Droit civil*, I, *Des personnes*, I, n° 287.

(3) Lyon-Caen et Renault : *Op. cit.*, II, nos 105 et 123 ; — Guillouard : *Op. cit.*, n° 21.

admise en doctrine et en jurisprudence (1). Pour les Sociétés civiles quant à leur objet, mais ayant emprunté la forme commerciale, le caractère de personnes morales leur était très généralement reconnu même par ceux qui le dénient aux Sociétés civiles en la forme (2). La loi du 1er août 1893, en déclarant « soumises aux lois et usages du commerce (3) » les Sociétés revêtant les formes pratiquées par les Sociétés de commerce, ne permet plus, semble-t-il, que la question soit même discutable. Mais elle reste controversée en doctrine, en ce qui concerne les Sociétés purement civiles (4). La Cour de Cassation s'est prononcée dans le sens de l'affirmative. Un arrêt de la Chambre des requêtes du 23 février 1891 a décidé qu'il est de l'essence des Sociétés civiles aussi bien que des Sociétés commerciales de créer, au profit de l'individualité collective, des droits et des intérêts propres et distincts de ceux de chacun de ses membres; il a reconnu ainsi que la personnalité morale appartenait aux Sociétés civiles (5). Des décisions postérieures se sont prononcées dans le même sens (6).

B. — *Conséquences.* — Si la Société constitue un être moral distinct des associés, il en suit divers effets importants dont nous devons signaler les principaux.

1° Caractère mobilier du droit de l'associé. — Le fonds social appartient à la Société; il n'est pas, pendant la Société, indivis

(1) Dalloz : *Rép. Suppl.*, V° *Société*, n° 483.

(2) Lyon-Caen et Renault : *Op. cit.*, II, n° 133; — Pont : *Op. cit.*, I, n° 124. « C'est là un point qui n'est pas contesté », dit formellement cet auteur. — Cf. Cassation, 3 février 1868, D. 68, 1. 125.

(3) Lyon-Caen et Renault : *Op. cit.*, appendice au t. II, n° 52.

(4) Sur cette controverse doctrinale et les auteurs adoptant l'un ou l'autre système, voir Dalloz : *Rép. Suppl.*, V° *Société*, nos 148 et 490.

(5) D. 91, 1. 337.

(6) Voir notamment Cassation, 2 mars 1892, D. 93, 1. 169; 22 février 1898, D. 99, 1. 593.

Deux ouvrages récents et importants — Houpin : *Op. cit.*, I, 15; — Thaller : *Op. cit.*, n° 298 — adhèrent à la solution, sinon (du moins quant au second de nos auteurs) au système de la Cour de Cassation.

On pourrait citer quelques arrêts de Cours d'appel qui se sont écartés de cette jurisprudence de la Cour suprême : Rouen, 2 juin 1897; — *Gazette des Tribunaux*, 16 septembre 1897; — Douai, 25 janvier 1899; — Sirey, 1900, 2. 25. Au contraire, admet la personnalité : Chambéry, 20 février 1904, *Gaz. des Tribunaux*, 15 avril 1905.

entre les sociétaires. Le droit de chacun d'eux (intérêt ou action) est un droit mobilier, même si la Société est propriétaire d'immeubles. (Cf. Code civil, art. 529.)

2° Affectation exclusive des biens de la Société aux créanciers sociaux. — Les créanciers personnels de la Société ne peuvent avoir pour gage les biens de la Société, qui forment son patrimoine et sont le gage des créanciers sociaux.

3° Représentation en justice de la Société par ses administrateurs. — Si la Société est une personne unique, en cas de procès c'est la Société qui assigne ou qui est assignée, elle plaide en son nom propre sans qu'il soit besoin de faire figurer dans les actes de procédure tous les noms des associés. Elle est représentée par les administrateurs ou gérants.

4° Acquisitions à titre gratuit. — La personnalité comporte nécessairement le droit de s'obliger, de contracter, d'aliéner, d'acquérir à titre onéreux. Comporte-t-elle le droit d'acquérir à titre gratuit ? Il serait sans doute logique de répondre affirmativement, puisque, comme le remarquent Aubry et Rau (1), « toute personne physique ou morale jouit, à moins d'une disposition contraire de la loi, de la capacité de recevoir par donation ou testament ». (Code civil, art. 902.) Les restrictions apportées par la loi à la capacité, à cet égard, des personnes morales ne désignent point les Sociétés. (Code civil, art. 910.) Aussi a-t-il été soutenu que les Sociétés, comme suite de l'attribution de la personnalité morale, pouvaient recueillir des libéralités. « Nous admettons sans restriction pour les Sociétés constituant des personnes morales la capacité de recevoir à titre gratuit », ont écrit MM. Lyon-Caen et Renault (2). Cette doctrine a cependant été vivement combattue, et la capacité des Sociétés a été niée d'une façon absolue (3) ; ou soumise à des restrictions (4),

(1) *Op. cit.*, I, p. 26. *Sic* DALLOZ : *Rép. Suppl.*, V° *Société*, n° 156. — *Contra*, sur la limitation des droits des personnes morales, voir LAURENT : *Principes du Droit civil*, I, n°s 287 et suiv.

(2) *Op. cit.*, n° 119. Dans le même sens, HOUPIN : *Op. cit.*, I, n° 17 ; — THALLER : *Op. cit.*, n° 302 ; — BAUDRY-LACANTINERIE et WAHL : *Op. cit.*, n° 17. — Cette opinion est enseignée par « la plupart des auteurs », dit DALLOZ, *loc. cit.*, note ci-dessus.

(3) Voir notamment la dissertation de M. Labbé dans Sirey, 81, 2. 249 ; — R. ROUSSEAU : *Questions nouvelles sur les Sociétés*, p. 243.

(4) Camberlin, dans le journal *La Loi*, du 8 mai 1881.

ou considérée comme douteuse (1). C'est ce qui avait conduit les auteurs de ce manuel, dans les premières éditions, à déconseiller formellement aux Sociétés qui nous occupent d'accepter des libéralités. Les dernières éditions même, postérieures à une jurisprudence favorable à la capacité des Sociétés (2), persistaient à montrer les périls pouvant résulter pour nos Sociétés de l'acceptation de legs ou de donations. Sans doute, l'augmentation du patrimoine des Sociétés, grâce à des libéralités, serait de nature à leur faire perdre le caractère de sociétés au sens légal tel que nous l'avons expliqué et les exposerait à de véritables dangers. Il y a donc lieu toujours pour elles à ne point perdre de vue les conseils de prudence que nous rappelons. Cependant, en tenant compte des tendances de la Cour de Cassation et des Cours et tribunaux, ne faudrait-il pas dire aujourd'hui, tout au moins, que les libéralités faites à des Sociétés bien constituées pourraient être défendues si elles étaient attaquées?

§ II. — *Constitution et fonctionnement des Sociétés civiles.*

A. — *Conditions et formalités de constitution.* — Les Sociétés contractées en conformité des dispositions du Code civil (art. 1832 à 1873) ne sont point assujetties pour leur constitution aux délais et aux formalités qu'impose la loi de 1867 relativement au nombre des membres, à la souscription du capital et au versement d'une partie, ni à une publicité préalable. (Voir ci-dessous, § 3.) Elles peuvent commencer à l'instant même du contrat. (Code civil, art. 1843.)

Dans le choix de leurs administrateurs, elles ont une liberté complète. Si le mandat de ceux-ci est gratuit, il n'est pas incompatible avec l'exercice de certaines professions, à la différence du mandat salarié et ou ayant pour objet des opérations commerciales.

Elles sont libres aussi de diviser leur capital suivant une forme

(1) *Bulletin de la Société d'Éducation et d'Enseignement*, 1887, p. 597.

(2) Tribunal de la Seine, 30 mars 1881, D. 83, 3. 31; — Tribunal de Bordeaux, 11 avril 1892; — *Journal des Sociétés*, 1892, 516; — Cassation, 2 janvier 1894 (motifs), D. 91, 1. 81; voir le rapport de M. le conseiller Cotelle; — Cf. note de M. Planiol, D. 95, 1. 221; — Cassation, 2 octobre 1895 (motifs), Sirèy, 95, 1. 65; — Rouen, 2 juin 1897; *Gazette des Tribunaux*, 26 septembre 1897.

ou une autre. Elles peuvent même créer des actions nominatives ou au porteur (1), et régler librement le taux, l'émission et la transmission (2). Il faut observer qu'on a contesté qu'une Société civile puisse garder ce caractère en divisant son capital en actions. Spécialement, il a été soutenu que la division en actions au porteur entraînerait la commercialité de la Société (3).

Enfin, cette forme de Société influe sur les charges fiscales à supporter, dès lors qu'elle ne s'écarte pas des dispositions du Code civil (4).

B. — *Fonctionnement.* — Les Sociétés civiles sont représentées par leurs administrateurs, notamment en justice (5). C'est une conséquence du caractère de personne morale qui leur est généralement reconnu. (Voir ci-dessus, § 1, A.) D'ordinaire, on règle, dans l'acte de Société, les pouvoirs de ceux qui sont chargés d'administrer ; il est préférable qu'ils aient ainsi un mandat statutaire qui peut supprimer certaines difficultés.

Ces Sociétés peuvent emprunter et déterminer librement par quel mode et dans quelle forme (6).

En ce qui concerne les rapports avec les tiers (Code civil, art. 1862, 1863, 1864), les associés sont responsables. Cette responsabilité se partage entre eux, elle peut dépasser le montant de leur mise sociale. La stipulation que les associés ne seront pas tenus des dettes sociales personnellement ne suffirait pas à restreindre leur responsabilité, mais il est possible à ceux qui contractent avec les membres d'une Société civile de leur faire remise de leur responsabilité personnelle (7). La limitation statutaire des engagements des associés n'est valable que vis-à-vis des tiers qui l'ont connue et qui ont accepté par convention spéciale cette dérogation au droit commun (8).

(1) Houpin : *Op. cit.*, n°s 84, 277.
(2) Idem, *ibid.*, n° 277.
(3) Chéron : *Annales de droit commercial*, 1905, p. 199, *Journal des Sociétés*, 1906, p. 43.
(4) Voir chap. III.
(5) Cassation, 2 mars 1892, D. 93, 1. 149.
(6) Il a été jugé que l'emprunt par voie d'obligations n'était pas un mode d'appel au crédit, exclusivement réservé aux Sociétés de commerce. Paris, 8 mars 1889, D. 90, 2. 233.
(7) Cassation, 21 février 1887, D. 83, 1. 127.
(8) Rouen, 16 juin 1890 ; Dalloz : *Rép. Suppl.*, V° *Société*, n° 250 en note.

Au point de vue pratique, il convient, pour mettre la fortune personnelle des associés à couvert, de stipuler dans les statuts que les administrateurs devront faire renoncer les créanciers au droit d'exercer une action personnelle contre les associés (1), les membres qui auraient signé ou autorisé un engagement sans cette réserve textuelle devant en être seuls responsables. Si, dans une Société, les associés étaient tenus sans solidarité entre eux seulement jusqu'au montant de leurs parts, de sorte que les engagements contractés ne puissent jamais être exécutés sur les biens personnels des associés, cette Société devrait être considérée comme commerciale, aux termes de la loi du 1er août 1893, et nulle, faute d'accomplissement des formalités prescrites aux Sociétés anonymes (2).

Il avait été jugé que la stipulation obligeant à mentionner dans tous les actes que les actionnaires n'étaient pas tenus au-delà de leurs parts sociales, ne donnait pas aux Sociétés le caractère de Sociétés anonymes quant à l'application de la taxe de mainmorte (3).

Enfin, il est loisible à la Société civile de racheter les parts qu'un associé voudrait céder, quand cette cession est autorisée (4).

§ III. — *Constitution et fonctionnement des Sociétés à forme commerciale.*

Les Sociétés qui se constitueraient en adoptant une forme commerciale auraient à se soumettre à la réglementation assez minutieuse de la loi du 24 juillet 1867 avec les modifications et compléments apportés par celle du 1er août 1893. On ne pourra ici que résumer sommairement les plus importantes. Mais auparavant, rappelons encore ce qui a été dit déjà section II, § 4 :

(1) Houpin : *Op. cit.*, I, n° 112.

(2) Cassation, 7 janvier 1908. *Journal des Sociétés*, 1906, p. 176. Voir l'importante note qui accompagne l'arrêt ; voir aussi la note de M. Percerou sous Besançon, 27 mars 1903, et Montpellier, 20 mai 1903, D. 1904, 2. 241.

(3) Conseil d'État, 23 décembre 1898 (sol. impl.), D. 1900, 3. 1. — La question soulevée à propos de l'application de la loi du 20 février 1849 sur la taxe des biens de mainmorte, a perdu de son intérêt à cet égard depuis la loi du 31 mars 1903. Voir chap. III, ci-dessous, section IV.

(4) Guillouard : *Op. cit.*, 256.

l'adoption de la forme commerciale entraine la commercialité de la Société. Dès lors, nos Sociétés constituées en cette forme sont soumises à la nécessité de tenir des livres, elles sont justiciables des tribunaux de commerce ; elles peuvent être déclarées en faillite. De plein droit la responsabilité des associés sera limitée à leur mise dans la Société (1), quand la Société aura reçu la publicité prévue par la loi de 1867. Cela avait pu faire question avant la loi de 1893 (2), mais n'est plus douteux pour les Sociétés formées postérieurement : c'est une conséquence de la disposition formelle (art. 68 nouveau) qui efface les différences et prononce l'assimilation entre les Sociétés de commerce et les Sociétés à forme commerciale.

A. — *Conditions et formalités de constitution.* — 1° La forme plus ordinairement adoptée sera la forme anonyme ; dans ce cas, la Société ne pourra se former que si elle réunit au moins sept membres. (Loi du 24 juillet 1867, art. 25.)

2° Quant à la constitution du capital, il y a à observer les règles suivantes :

a) Il doit être souscrit entièrement avant que la Société puisse fonctionner, et le versement des espèces doit avoir eu lieu, pour un quart si l'action est de 100 francs ou au dessus, pour la totalité si elle n'excède pas 25 francs. Cette souscription et le versement doivent être constatés par acte notarié. (Art. 1er nouveau.)

b) La négociation des actions ne peut avoir lieu avant que toutes les formalités prescrites pour la constitution des Sociétés aient été remplies. Les actions ne sont négociables que lorsque la Société a été constituée définitivement. Mais cela s'entend de la négociation par les voies commerciales ; la cession civile est permise (3).

c) S'il est fait des apports en nature, les actions délivrées en représentation ne peuvent être détachées de la souche et ne sont négociables que deux ans après la constitution définitive de la Société (Loi du 1er août 1893 (4). Mais il ne s'agit pas ici d'une

(1) Cf. section III, § 2, B.

(2) DALLOZ : *Rép. Suppl.*, V° *Société*, n° 2114.

(3) LYON-CAEN et RENAULT : *Op. cit.*, appendice au t. II, n° 21 *bis* : — HOUPIN : *Op. cit.*, I, n° 322, et les jugements cités en note.

(4) HOUPIN : *Op. cit.*, n° 326 ; — POTTIER : *Des Sociétés commerciales* (Paris, 1906), n° 400.

inaliénabilité absolue ; ce qui est prohibé, c'est la négociation, il serait permis de faire une cession conformément aux dispositions de l'article 1690 du Code civil (1).

Avant l'attribution d'actions aux apporteurs, une première assemblée générale doit vérifier la sincérité des déclarations des fondateurs et prescrire la vérification des apports en nature. Une seconde assemblée délibère sur les apports et les approuve s'il y a lieu, après quoi seulement la Société est définitivement constituée. (Art. 4.)

3° Sur la division du capital et le taux des actions, la loi dispose que les actions sont nominatives ou au porteur, mais doivent rester nominatives jusqu'à entière libération (art. 3 nouveau) ; que les actions ne peuvent être d'une somme moindre de 25 francs si le capital est inférieur à 200,000 francs, de 100 francs s'il est supérieur à cette somme. (Art. 1er nouveau.) — Cf. ce qui a été dit ci-dessus relativement aux Sociétés à capital variable. (Sect. II, § 5.)

4° Les Sociétés ne jouiront de la plénitude des avantages résultant de la forme commerciale qu'en se rendant publiques suivant des conditions déterminées. (Loi du 24 juillet 1867, titre IV.)

Dans le mois de sa date, l'acte de Société doit être déposé au greffe de la justice de paix et du tribunal de commerce du lieu où est établie la Société. A l'acte sont joints la copie de l'acte notarié constatant la souscription du capital et le versement du quart, les procès-verbaux des assemblées constitutives, et l'état nominatif des souscriptions. (Art. 55.) Cette publicité doit également être faite par le moyen d'insertion d'extraits des pièces déposées aux greffes, dans un journal désigné pour recevoir les annonces judiciaires. (Art. 56.)

Une publicité permanente résulte, enfin, de l'obligation de mentionner dans toutes les factures, annonces et autres documents imprimés ou autographiés, la qualification de la Société et son capital social. (Art. 64.)

La loi de finances du 30 janvier 1907 (art. 3) a organisé un système de publicité pour l'émission, la mise en vente, le placement des titres des Sociétés sur le marché en France. Préalable-

(1) Houpin : *Op. cit.*, n° 331.

ment à toute publicité, une notice doit être publiée dans un bulletin annexé au *Journal officiel*, pour faire exactement connaître la Société.

Les affiches et prospectus de la Société doivent reproduire ces énonciations et mentionner l'insertion au *Journal officiel*. Les annonces dans les journaux doivent l'indiquer également. Ces mesures de publicité sont imposées sous peine d'amende. Elles s'appliquent aux titres de toutes Sociétés françaises ou étrangères (1).

5° Il faut compléter ce qui a été dit sur la division du capital en ajoutant qu'il peut être créé des actions dites de priorité. Aux termes de la loi du 16 novembre 1903, ces actions peuvent avoir certains avantages sur les autres actions, conférer des droits d'antériorité sur les bénéfices ou sur l'actif social, et des droits de vote différents dans les Assemblées générales. Les actions de priorité peuvent être créées soit par les statuts, soit par l'Assemblée générale (2).

Enfin, à côté de l'action, il existe une autre catégorie qui ne représente pas une fraction du capital social, mais un droit à une part déterminée des bénéfices sociaux. C'est ce que, dans la pratique, on désigne sous le nom de part de fondateur. Les parts des fondateurs et les modalités qui les constituent sont déterminées par l'acte de Société ; elles n'ont pas de valeur nominale, ne prennent pas part aux assemblées générales (3).

B. — *Fonctionnement.* — La loi règle les organismes nécessaires à la régularité du fonctionnement des Sociétés : assemblées générales, gérants ou administrateurs, commissaires. La Société doit être pourvue de tous ces organes, et chacun doit remplir la mission qui lui est tracée par la loi. (Loi de 1867, tit. I et II.)

Les administrateurs peuvent être responsables pénalement de la violation de certaines dispositions de la loi. Cette responsabi-

(1) Pottier : *Des émissions et introductions financières.* Commentaire de l'article de la loi du 30 janvier 1907 (Paris 1907). Houpin : *Op. cit.*, II, nos 1434 et suiv.

(2) Decugis : *Les actions de priorité* (Paris, 1904) ; — Houpin : *Op. cit.*, II, nos 1383 et suiv.

(3) Houpin : *Op. cit.*, I, nos 359 et suiv.

lité paraît indiscutable depuis l'assimilation totale des Sociétés civiles aux Sociétés commerciales par la loi de 1893 (1).

Le capital étant présenté au public comme le gage des tiers qui contracteraient avec la Société, celle-ci ne peut l'amoindrir à son gré ; partant, elle ne jouit pas des mêmes facilités que la Société purement civile pour l'achat de ses actions. (Cf. § 2, B.) Mais une clause des statuts conférant à l'assemblée générale le pouvoir de l'opérer serait valable ; comme toute modification aux statuts, elle devrait être publiée en la forme prescrite (2).

La cessibilité étant un caractère essentiel de l'action, les Sociétés peuvent-elles entraver la libre cession de leurs actions ? On peut admettre qu'un droit d'opposition aux transmissions soit réservé par les statuts au Conseil d'administration, que celui-ci doive donner son agrément aux cessions, s'il résulte néanmoins de l'acte de Société que, en principe, les cessions peuvent avoir lieu librement (3). Il serait valablement stipulé un droit de préférence pour l'achat des actions, aux associés ou aux personnes agréées par les administrateurs (4). Les statuts adoptés peuvent être modifiés par l'Assemblée générale. Toute modification doit être rendue publique en la forme usitée lors de la formation de la Société. (Loi du 14 juillet 1867, art. 6.) Cf. ci-dessus, A. 4°.

SECTION IV

CHOIX A FAIRE ENTRE L'UNE DES FORMES DE SOCIÉTÉ. — RÉDACTION DE L'ACTE DE SOCIÉTÉ.

Le résumé des principes et les règles qu'on a pu lire ci-dessus est loin d'épuiser la matière des Sociétés. Cet exposé a laissé de

(1) *Rapport* de M. Clausel de Coussergues à la Chambre des députés, D. 93, 4. 70 (note 4). Antérieurement, il avait été jugé que les pénalités résultant de la loi de 1867 n'étaient pas applicables en matière de Sociétés anonymes civiles d'assurances. Cassation, 9 mai 1899, D. 79, 1. 315.

(2) Cf. Cassation, 16 août 1893, D. 91, 1. 126.

(3) Cassation, 13 mars 1882, D. 83, 1 83 ; — Lyon-Caen et Renault : *Op. cit.*, II, n° 520.

(4) Cassation, 14 mai 1895, D. 95, 1. 467 ; — Houpin : *Op. cit.*, II, n° 343 ; — *Contra* Pont (*Op. cit.*, II, n° 1587) qui envisage surtout l'interdiction de la vente des actions.

côté bien des aspects de cet important et vaste sujet, n'a point traité les détails de l'administration des Sociétés ni la question de la dissolution, de la liquidation et du partage... Il a dû omettre ce qui n'importait pas spécialement aux Sociétés qui nous occupent et n'appelait pas, à ce point de vue, des explications particulières, le texte même de la loi donnant des solutions suffisamment claires. Tel qu'il est, notre résumé permet, espérons-nous, de juger dans quels cas il y aura lieu de contracter une Société, quelle forme il sera préférable de lui donner, quelles clauses essentielles devront figurer dans la rédaction de l'acte de Société.

Précisons, en quelques mots, ces deux derniers points.

§ I. — *Comparaison entre les deux formes.*

La nature des Sociétés que nous avons en vue est telle, avons-nous dit, que leur objet sera toujours civil. (Cf. sect. 1, § 2.) Nos lecteurs n'auront donc à faire choix qu'entre deux genres de Sociétés ; Sociétés purement civiles ; Sociétés civiles à formes commerciales. Nous avons brièvement exposé leurs principales règles de fonctionnement dans les deux sections qui précèdent.

S'il s'agit d'une opération très limitée, par exemple l'acquisition d'un immeuble d'une minime valeur, une Société civile groupant trois ou quatre personnes sera suffisante. Constituée en conformité du Code civil, avec un acte de Société très simple, en quelques articles, donnant mandat d'administrer à l'un des sociétaires, elle sera facile à former partout, ne présentera point de complications d'administration. Elle peut donc être, dans bien des cas, un type recommandable.

Veut-on, au contraire, réunir des fonds considérables, on devra faire nécessairement appel à de nombreux souscripteurs ; c'est une Société sous la forme commerciale, une Société anonyme le plus souvent, qu'il faudra constituer. L'émission publique des actions, la sécurité, pour chaque actionnaire, de n'être engagé que jusqu'à concurrence de la souscription, permettra d'étendre beaucoup l'appel fait aux capitaux, de recueillir à la fois de petites et de grosses sommes suivant le nombre d'actions souscrites par les capitalistes modestes et les personnes disposant de grandes ressources. La Société ainsi constituée trouvera plus facilement du crédit, elle aura plus d'élasticité dans son fonctionnement ; mais sa constitution est entourée de formalités nombreuses, son administration présente une certaine complication ; pour la gérer, on devra pouvoir compter sur des administrateurs prudents et ayant la connaissance des affaires. Enfin, ce genre de Société et le mode de division du capital nécessitent l'acquittement de droits fiscaux divers et assez élevés (1).

Entre les deux types extrêmes de la petite Société civile de trois ou quatre membres et d'une Société anonyme, on peut, du reste, prendre certaines situations intermédiaires, en empruntant à la loi commerciale quelques-unes seulement de ces dispositions.

§ II. — *Rédaction de l'acte de Société.*

Le contrat de Société doit être rédigé par écrit. (Code civil, art. 1834.) L'écrit constatant ainsi les conventions qui forment la loi des parties a une grande importance ; on le nomme *acte de Société,* ou *statuts* de la *Société ;* cette dernière dénomination est parfois plus spécialement réservée pour les Sociétés par actions.

Il peut être rédigé sous la forme des actes sous signatures privées, ou devant notaire. Nous ne saurions trop engager à avoir recours, pour la rédaction de cet acte si important, à un homme d'affaires expérimenté. Ses avis et ses conseils ne sauraient en aucune façon être remplacés par les indications qu'on pourra trouver ici. Le Comité du Contentieux de la *Société d'Éducation et d'Enseignement* est, bien entendu, à la disposition des personnes qui voudraient lui soumettre des projets de statuts ou d'actes de Sociétés à examiner. On ne saurait prendre trop de soin, nous le répétons, pour arrêter la rédaction de ces actes (2).

(1) Voir chap. III.

(2) Tous les hommes d'affaires ont sous la main des formulaires contenant des modèles d'actes de Sociétés. Beaucoup d'ouvrages sur les Sociétés donnent des formules relatives à ce contrat. — Signalons tout particulièrement l'excellent livre de M. Houpin : *Traité des Sociétés civiles et commerciales* (quatrième édition, 2 vol. Paris, 1909), qui est suivi d'un formulaire très complet et dont on pourra faire usage avec grand profit. Le savant auteur a eu la bienveillance de nous fournir un modèle de statuts de Société civile qu'on trouvera ci-dessous aux *Annexes.* — Pour les autres formes des Sociétés qui sont d'un usage plus courant et ne présentent pas de difficultés particulières, on pourra se rapporter, comme nous venons de le dire, aux formules contenues dans le livre de M. Houpin.

En se référant aux règles de droit que nous avons essayé de coordonner dans les pages qui précèdent, on se rendra compte des clauses utiles à insérer. En voici rapidement quelques-unes qu'il nous paraît plus important de rappeler.

1. Il est préférable de fixer la durée et d'inscrire la faculté de prorogation à l'expiration du terme fixé.

2. Dans les Sociétés purement civiles, pour limiter la responsabilité des associés, on aura soin de se conformer à ce qui a été expliqué section III, § 2, B.

3. Les Sociétés qui nous occupent ont besoin de fixité dans leur gestion. Il est de leur intérêt et il est légal de faire dans les statuts quelques réserves au sujet de la transmission des parts ou actions. Si la Société a son capital divisé en actions, il sera prudent de n'admettre que des actions nominatives, dont la transmission peut toujours être surveillée. Nous avons montré la légalité d'une clause stipulant dans une Société à forme commerciale, en cas de transmission d'action, un droit de préférence au profit des actionnaires, à l'exclusion des étrangers, ou au profit des personnes agréées par les administrateurs. (Voir ci-dessus, sect. III, § 3, B.) Il pourra être avantageux de rédiger une clause dans ce sens.

4. Encore que la personnalité civile des Sociétés civiles soit plus généralement admise aujourd'hui, on fera bien de ne pas omettre d'insérer la clause statutaire qui assure la représentation en justice, ainsi qu'il a été dit section III, § 2, B, ci-dessus.

5. Enfin, rappelons, en insistant, que rien dans la rédaction de l'acte ne doit fournir prétexte à penser que le contrat est autre chose qu'une Société ayant le profit pour but; rien ne doit, même en apparence, contredire ce but. L'admission d'une intervention de l'autorité religieuse, par exemple, ou l'expression de toute autre idée de même nature pourrait fournir l'occasion de contester le caractère de la Société (sect. I, § 1) et ne serait pas sans avoir des conséquences au point de vue fiscal (1).

(1) Voir chap. III, sect. II.

SECTION V

GROUPEMENT D'INTÉRÊTS SE RAPPROCHANT DE LA SOCIÉTÉ

Il peut être utile de dire quelques mots de situations juridiques qui ne sont point sans quelque ressemblance avec le contrat de Société, puisqu'elles permettent de posséder en commun. La plupart des auteurs qui traitent de la Société font ce rapprochement qui a son intérêt pratique.

§ I. — *Pacte tontinier.*

On désigne ainsi la convention qui unit les unes aux autres des personnes qui se soumettent, au point de vue du règlement de leurs droits de propriété, à des événements aléatoires, résultant de la mortalité successive. Chacune de ces personnes aliène son droit au profit de la masse et du dernier survivant, en se réservant comme bénéfice de l'opération la chance de survie. Cette convention est ajoutée le plus souvent comme clause d'un contrat d'acquisition par plusieurs personnes. Elle comprend bien, comme la Société, la réunion de plusieurs personnes, mais elle n'est pas une Société puisqu'elle tend à constituer un propriétaire unique, et non à conquérir un bénéfice commun qui doive être partagé, ce qui est de l'essence du contrat de Société.

Au point de vue pratique, le pacte tontinier, s'il échappe à certaines taxes spéciales aux Sociétés (1), est cependant onéreux : chaque cession de droit d'un tontinier donne lieu à la perception d'un droit de mutation à liquider d'après la nature des valeurs transmises (2). Si la clause d'adjonction de nouveaux membres est jointe à celle de réversion, au cas de décès d'un associé le droit d'accroissement est exigible sur la totalité des parts possédées par le défunt (3). Si on pouvait reconnaître un carac-

(1) *Dictionnaire des Droits d'Enregistrement,* t. VI, supplément aux mots *actions*, *obligations*, n°s 616, 658.

(2) Solution de l'Administration de l'Enseignement, 2 février 1892, D. 93, 2.321.

(3) Id., *ibid.*

tère religieux à l'association tontinière — et la présence de religieux parmi les membres pourrait donner ce caractère — elle serait passible des droits imposés aux associations religieuses (1).

§ II. — *Indivision.*

C'est un état qui résulte, soit de l'ouverture d'une succession au profit de plusieurs héritiers ou légataires, soit quelquefois d'une convention. Mais l'indivision diffère de la Société en ce que celle-ci a pour but « une pensée de lucre par la mise en commun d'une chose commune », tandis que l'indivision est « un état passif, transitoire, qui n'a d'autre raison d'être que de conduire au partage (2) ».

Aucun des avantages accordés par la loi aux Sociétés n'appartient à l'indivision, qui n'est qu'un régime précaire. Nul n'est tenu d'y demeurer. On en peut sortir à tout moment, si l'on ne convient du contraire, mais la convention de suspendre le partage n'a d'effet que pour un temps limité qui ne doit pas excéder cinq ans. (Code civil, art. 815.)

(1) Cassation, 25 janvier 1897, D. 1, 531 ; — Voir ci-dessous, chap. III.

(2) Pont : *Op. cit*, n° 75.

CHAPITRE II

ASSOCIATIONS

Les groupements constitués en vue de fonder, soutenir, entretenir une œuvre privée quelconque (école, établissement de bienfaisance, patronage, etc.), devront prendre la forme d'associations, et non celle de sociétés civiles ou commerciales, toutes les fois qu'ils ne sauraient, comme résultat des opérations statutaires, réaliser un bénéfice matériel et pécuniaire. L'existence possible d'un tel bénéfice est, en effet, un élément essentiel de la société. (Voir Cass., 29 nov. 1897, D., 98. 1. 108, Société des Ecoles libres de Boulogne.) (1)

Les associations, fort entravées jusqu'à ces dernières années dans leur création et leur développement par une législation sévère (2), jouissent, depuis 1901, d'une liberté fort appréciable, quoiqu'encore insuffisante. Elles peuvent rendre les plus grands services pour la constitution d'œuvres privées dont il importe d'assurer la durée. Les règles à elles relatives se trouvent dans la loi du 1er juillet 1901, articles 1-12 et 17, et dans le premier décret du 16 août 1901, article 1-15.

Ces textes ont été déclarés applicables en Algérie par le décret du 18 septembre 1904. Mais ils ne le sont pas dans les autres colonies et pays de protectorat.

SECTION I

ÉLÉMENTS CONSTITUTIFS DE L'ASSOCIATION. — CONDITIONS DE VALIDITÉ

Relevés dès longtemps par la jurisprudence et rappelés dans

(1) Voir *supra*, ch. 1, *Sociétés*, p. 3. Voir aussi, sur le sens du mot « bénéfice », HAYEM : *Domaines respectifs de l'Association et de la Société*, pp. 299 et suiv.

(2) Il en était autrement pour quelques groupements spéciaux : les syndicats professionnels, les Sociétés de secours mutuels, les associations syndicales de propriétaires.

l'article 1er de la loi de 1901, les éléments constitutifs de l'association sont :

1° Existence d'un lien juridique entre les associés, résultat d'un concert préalable et d'un mutuel engagement ;

2° Poursuite d'un but dont la réalisation nécessite une organisation permanente et une action commune des associés pendant un certain temps au moins (1) ;

3° Absence de toute idée de profits pécuniaires à réaliser par les associés pour les partager entre eux.

Laissant de côté ce dernier caractère qui, nous l'avons dit déjà, sépare l'association de la Société (Code civil, art. 1832), nous remarquerons que, par les deux autres, l'association se distingue de la réunion et même de toute œuvre dirigée par une seule personne, beaucoup d'autres en dussent-elles profiter, s'il n'y a pas d'obligations réciproques entre elles toutes, ni d'action commune en vue d'un but déterminé. — Ainsi, un *patronage* (terme qui n'a pas un sens juridique caractérisé) n'est pas toujours une association. Une personne qui réunit, même d'une façon régulière et à jours fixes, chaque semaine par exemple, de jeunes enfants ou des apprentis, dans une pensée charitable, fait certainement œuvre licite ; mais elle n'a pas à se préoccuper de la loi de 1901, qui ne peut être invoquée ni contre elle, ni en sa faveur. Il n'y a pas, en effet, en ce cas, d'engagements réciproques entre elle et ceux qu'elle reçoit ; il n'y en a pas davantage qui relient ces derniers entre eux (2).

(1) D'après MM. Trouillot et Chapsal : *Du Contrat d'association*, p. 36-39, il faut une mise en commun sur tous les associés de leur activité et de leurs connaissances. Un apport exclusivement en argent ne suffirait pas. (*Contra* Richet *Le Contrat d'Association*, p. 14.)

(2) Il a été jugé qu'il n'y avait pas d'association :

Dans le cas d'un patronage *a*) ne réunissant que des enfants dont le jeune âge est exclusif de toute entente et de tout engagement réciproque en vue d'une action commune et collective dans un but déterminé ; *b*) ne réclamant pas de cotisation à ses membres (Trib. Narbonne, 11 janvier 1892, D. 93. 2. 302) ;

Dans l'hypothèse où un prêtre réunit des apprentis et des jeunes gens pour leur fournir gratuitement des divertissements et des jeux, alors surtout *a*) qu'aucun lien n'a existé entre les personnes ayant assisté à ces réunions, et qu'il n'y a eu *b*) ni règlement pour l'admission des assistants ; *c*) ni statuts ; *d*) ni cotisations. (Cass., 1er juil. 1881, D. 81, 1. 447.)

Ces décisions rendues avant 1901 sur des poursuites à fins pénales contre des prévenus d'association illégale conservent toute leur valeur quant aux principes ainsi posés.

Il a été jugé, postérieurement à la loi de 1901, qu'un groupement de fait, eût-il

Donc, la base fondamentale de l'association est une convention créant des rapports de droit entre tous les individus groupés afin de diriger leurs efforts combinés vers un but particulier et désintéressé. Cette convention pourrait, en rigueur de droit, être verbale : l'association n'en existerait pas moins dans sa forme la plus rudimentaire. Mais, pratiquement, il conviendra toujours de libeller par écrit des statuts précisant l'objet du groupement, les conditions de son fonctionnement et les obligations de ses membres ; la preuve par témoins du contrat serait, en effet, presque toujours impossible, l'intérêt en jeu excédant 150 francs. (Code civil, art. 1341.) Cette rédaction d'un écrit devient indispensable dès lors que l'on veut donner (et ce sera souvent nécessaire) à l'association, comme telle, une capacité juridique distincte de celle des associés, dans les conditions des articles 5 et 6 de la loi du 1er juillet 1901. L'écrit n'a jamais besoin d'être notarié ; il est fait valablement sous signatures privées.

Quant au fond, la convention créatrice de l'association est simplement soumise aux conditions générales exigées par le Code civil pour la validité de tout contrat.

1° Chacun des adhérents doit donner, par lui-même ou par mandataire (1), un consentement exempt d'erreur sur le but de l'association ou la personne des sociétaires, non extorqué par la violence ou le dol. La loi de 1901 ne fixe aucun minimum au maximum obligatoire quant au nombre des associés, au début ou au cours de l'association.

2° Chacun d'eux doit être capable de contracter dans les termes du Code civil (2). Pour les incapables (femmes mariées non séparées de corps, mineurs, etc.), l'adhésion à l'association est subordonnée à l'autorisation de leurs représentants (maris, parents, tuteurs) ; mais cette autorisation peut être tacite, et, pratiquement, s'induira du silence des dits représentants (3).

un règlement intérieur, ne constitue pas une association, si l'on ne fournit pas la preuve d'un accord conclu entre ses membres (Trib. de Paix du XIe arrt de Paris, 26 janv. 1906, *Gaz. Trib.*, 28 mai 1906).

(1) Il pourrait aussi, le cas échéant, ratifier après coup l'engagement pris en son nom par un autre associé qui se serait porté fort pour lui.

(2) Les étrangers peuvent en France faire partie d'une association, sauf application, le cas échéant, des règles spéciales de la loi de 1901, art. 12.

(3) *Sic* Trouillot et Chapsal : *Op. cit.*, p. 479 ; — Hauriou : *Précis de droit administratif*, 6e éd., p. 258 ; — *Contrà* Pichat : *Op. cit.*, n° 49 ; — Bertin et Charpentier : *Manuel des associations déclarées*, p. 52.

3° Il faut un engagement pris par chacun des associés. Cet engagement aura trait à l'apport, soit pécuniaire (cotisations, droit d'entrée), soit exclusivement moral (activité, connaissances, intelligence), auquel ils s'astreindront. Il n'a pas besoin d'être écrit ; une adhésion verbale est suffisante, sauf une difficulté de preuve parfois. (Voir Besançon, 23 janvier 1901, D. 1904, 2. 46.)

4° Enfin, le but de l'association doit être licite, non contraire aux lois et aux bonnes mœurs. C'est ce que répète, après le Code civil, l'article 3 de la loi de 1901. Pour bien écarter tout arbitraire dans l'application de ce texte, on en a fait disparaître tout ce qui aurait pu amener les juges à se montrer plus sévères, dans l'appréciation, quant à sa validité, d'une association quelconque, que de tout autre contrat. Une convention d'association est donc possible toutes les fois qu'il ne s'agit pas de violer une prohibition légale ou de manquer à une disposition d'ordre public (1). Spécialement, elle peut avoir un but religieux, à la condition de ne pas faire dégénérer l'association en congrégation (2).

Si un groupement dissimule un but illicite sous une apparence de légalité, ou transforme après coup son but originairement licite en un but illicite, il tombe sous le coup de l'article 7 de la loi.

En cas d'absence d'une de ces conditions, la sanction légale est purement civile. C'est la nullité, absolue ou relative suivant les cas, soit de l'adhésion donnée par un associé, soit de l'association elle-même. Cette nullité peut être demandée : en toute hypothèse, sauf en cas d'incapacité ou de vice du consentement chez un ou quelques-uns des adhérents (3), par tous ceux qui, étrangers ou non au groupement, ont un intérêt direct et personnel à son anéantissement ; en outre, si le but poursuivi est illicite, par le ministère public, représentant l'intérêt général. (Loi de 1901, art. 7, § 1.) Elle est prononcée par le Tribunal civil.

Diverses formes des associations. — La loi offre aux personnes

(1) *Sic* Vallé, rapport au Sénat (*Journal officiel*, séance du 6 juin 1901, p. 788).

(2) Rejet par la Commission du Sénat de l'amendement Fournière qu'avait adopté la Chambre (Sénat, *Doc. parl.*, 1901, p. 788). Voir Trouillot et Chapsal : *Op. cit.*, p. 494 ; — Hauriou : *Op. cit.*, p. 259, note 5.

(3) Ceux-là seuls qui sont incapables ou dont le consentement est vicié peuvent agir en nullité de ce chef ils ne feront d'ailleurs prononcer cette nullité qu'à leur égard, et non *erga omnes*.

qui veulent s'associer trois formes distinctes, sans jamais les imposer. Ces diverses associations se caractérisent par le degré de capacité juridique reconnu à chaque catégorie.

1° *Les associations non déclarées* (art. 2) n'ont ni personnalité propre, ni capacité juridique. Ce sont des groupements de personnes exclusivement.

2° *Les associations déclarées* (art. 5 et suiv.) sont des personnes morales et ont une capacité juridique, d'ailleurs strictement limitée.

3° *Les associations reconnues d'utilité publique* (art. 10 et suiv.) jouissent d'une capacité plus grande, quoiqu'encore incomplète. Elles ont ce qu'on appelle la grande personnalité civile.

SECTION II

ASSOCIATIONS NON DÉCLARÉES

§ I. — *Constitution.*

Quel que soit le nombre de leurs membres (1), ces associations sont parfaitement licites et se forment « librement, sans autorisation ni déclaration préalable ». (Loi de 1901, art. 2.) Le simple accord entre les parties (2) les constitue ; et les associés sont absolument maîtres dans le choix du but par eux poursuivi, du règlement à adopter, du lieu et de la fréquence de leurs réunions. Dès lors qu'elles ne sont pas formées en vue d'un but illicite, elles sont soustraites à toute investigation de la justice, si ce n'est dans les conditions et les formes admises de droit commun pour la recherche des délits ou des crimes. *A fortiori*, l'administration ne saurait intervenir dans leur gestion, à moins qu'elles tombent sous le coup de l'article 12 de la loi de 1901, comme

(1) L'article 291 du Code pénal et la loi du 10 avril 1834 sont abrogés. (Loi du 1er juillet 1901, art. 21.)

(2) Peu importe comment cet accord est constaté (TROUILLOT et CHAPSAL : *Op. cit.*, p. 494 ; — HAURIOU : *Op. cit.*, p. 261). En fait, il y aura souvent des statuts. Nous reviendrons sur la façon de les établir, en traitant des associations déclarées à l'égard desquelles il est nécessaire d'en avoir.

composées, en majeure partie, d'étrangers, ou comme ayant, soit des administrateurs étrangers, soit leur siège à l'étranger.

Aucune formalité n'est requise pour leur constitution et leur fonctionnement.

§ II. — *Absence de capacité juridique.*

D'après l'article 2, les associations non déclarées ne jouissent d'aucune capacité juridique. En d'autres termes (et cela résulte nécessairement tant de la formule même de l'article 2 que de l'attribution expresse de ces droits aux associations déclarées ou reconnues d'utilité publique par les articles 6 et 11 de la loi), elles ne peuvent, en tant qu'associations, ester en justice, acquérir à titre gratuit ou même à titre onéreux, avoir et administrer un patrimoine propre, mobilier ou immobilier.

Faut-il conclure de là, avec certains auteurs (1), qu'est soumise à l'obligation de la déclaration toute association au profit de laquelle l'acte constitutif aura prévu l'existence de quelques ressources ? Nous ne le pensons pas, car ce serait fermer les yeux à l'évidence des nécessités pratiques ou réduire l'article 2 à l'état de lettre morte : il faut, en effet, à tout groupement un minimum de ressources, ne fût-ce que pour pourvoir aux menus frais de bureau, de correspondance, de convocation de ses membres. La jurisprudence ne s'est pas encore prononcée sur ce point, mais nous croyons (2) qu'elle appliquera aux associations non déclarées un régime analogue à celui adopté naguère par elle quant aux associations soustraites aux rigueurs de l'article 291 du Code pénal par une autorisation préfectorale.

En conséquence, d'abord, les tribunaux se refuseront, suivant nous, à consacrer la légalité des libéralités adressées, soit à l'association dépourvue de personnalité morale, soit à l'ensemble des associés pris comme tels, soit même à l'un quelconque d'entre

(1) TROUILLOT et CHAPSAL : *Op. cit.*, pp. 62 et suiv.

(2) Telle est aussi l'opinion émise par M. GRUMBACH, chef du bureau des associations au Ministère de l'Intérieur, dans son livre : *Les associations et les cercles*, n° 30 (chez Pedone, 1904). — M. PICHAT (*Op. cit.*, n° 109) admet qu'à côté de l'association de personnes peut fonctionner légalement une indivision de biens : les associés, d'après lui, constitueraient valablement un patrimoine commun appartenant à eux, et non à l'association.

eux, toutes les fois du moins qu'au dernier cas, ce bénéficiaire leur apparaîtra comme une personne interposée au profit du corps moral inexistant (1). C'est là une thèse dès longtemps admise en jurisprudence, à l'appui de laquelle, d'ailleurs, on invoquera ce fait que la loi de 1901, accordant le droit de recevoir des libéralités à une seule catégorie d'associations, le refuse *ipso facto* et d'une façon absolue aux deux autres classes. Ajoutons que la nullité de semblables actes sera plus souvent prononcée désormais que par le passé, puisque l'article 17 de la loi nouvelle permet de l'invoquer au ministère public aussi bien qu'aux particuliers intéressés.

Nous estimons par ailleurs que, s'il y a un procès à soutenir relativement à des biens mis en commun par tous les associés ou quelques-uns d'entre eux au profit de l'association, celle-ci ne pourra ester en justice comme telle. Tous les associés intéressés devront intervenir dans l'instance, en personne ou par mandataire régulièrement constitué.

Mais aussi l'existence de cotisations n'est nullement inconciliable avec la notion de l'association non déclarée (2). La loi elle-même admet cette existence, car l'article 4, réglant une question de paiement des cotisations, ne distingue pas entre les diverses catégories d'associations et s'applique aux associations non déclarées comme aux autres. Toute la différence, quant à ces dernières, consistera en ce que les cotisations ne formeront pas un fonds collectif, propriété d'une entité morale, mais simplement un bien indivis entre les associés, et que l'association, comme telle, n'en pourra pas réclamer le paiement à ses membres. La question nous paraît aujourd'hui définitivement tranchée en pratique par la déclaration émanée du ministre de la Justice, M. Vallé, dans la séance du 24 juin 1904 à la Chambre

(1) Sans doute la loi de 1901 n'établit pas de présomptions légales d'interposition de personnes en matière d'associations comme à l'égard des congrégations (art. 17). Mais les juges restent libres de déduire cette interposition des simples présomptions de fait.

(2) Trib. Saint-Dié, 2 juillet 1908. *Revue du culte cath.*, octobre 1908, p. 316; *Bull. Soc. d'Éd.*, 15 octobre 1908, p. 871. — *Sic* Berthélemy : *Traité élémentaire de droit administratif*, p. 305 ; — Hauriou, *Op. cit.*, p. 263 ; — Grumbach, *Op. cit.*, n° 30 ; — Michoud : *La théorie de la personne morale*, pp. 420-425 ; — Planiol : *Droit civil*, 3e éd., t. II, n° 2015 ; — Pichat : *Op. cit.*, n° 112. — *Contra* Trouillot et Chapsal : *Op. cit.*, pp. 62 et suiv. ; — Ducrocq : *Cours de droit administratif*, t. VI, p. 68 ; — Bertin et Charpentier : *Op. cit.*, p. 22.

des députés (*Journal officiel,* 1904, Déb. parl., Chambre, p. 1663) : le ministre a reconnu en termes formels le droit pour les associations non autorisées de percevoir des cotisations (1).

Sanction du défaut de capacité juridique. — A supposer qu'un acte passé par une association non déclarée ou à son profit soit considéré comme irrégulier, quelle sera la sanction ? La nullité dudit acte sera prononcée par les tribunaux : l'article 17 le dit formellement, et il ajoute qu'elle pourra être demandée soit par tout intéressé, soit, ce qui constitue une innovation grave, par le ministère public. Cette sanction existe, sans aucun doute possible, à l'égard de ceux qui essaieraient de constituer à une association non déclarée un patrimoine de droit ou de fait. Encore faut-il qu'il s'agisse d'actes juridiques saisissables et beaucoup, notamment le plus souvent les dons manuels, y échapperont.

Mais, certainement aussi, c'est la seule sanction. D'une part, en effet, il ne saurait être question, par argument de l'article 7, § 2, d'une dissolution possible de l'association à raison de ce fait; d'autre part, on ne pourrait songer à frapper les directeurs et administrateurs, en pareil cas, des pénalités de l'article 8, § 1er. Les articles 7 et 8 de la loi de 1901 visent uniquement les infractions à l'article 5 et, les pénalités étant de droit étroit, sont applicables aux seules associations déclarées au cas de déclarations inexactes ; ils n'ont pas trait aux associations non déclarées (dont il n'a pas été dit un mot dans les travaux préparatoires) du moment qu'ils ne font aucune allusion à l'article 2 (2).

Dans tous les cas, chaque associé conserve la faculté d'exercer au profit du groupe non déclaré les droits qui lui appartiennent comme individu. En mettant par exemple à la disposition de ses coassociés un immeuble lui appartenant ou loué par lui, il

(1) Voir Hauriou : *Op. cit.*, pp. 262 et suiv. ; — Berthélemy : *Op. cit.*, p. 297 ; — Pichat : *Op. cit.*, nos 109, 113 ; — MM. Michoud : *Op. cit.*, pp. 420-426 ; — et Pichat : *Op. cit.*, n° 112, soutiennent même que les associés peuvent mettre en commun toutes sortes de biens, meubles ou immeubles, les acquérir personnellement, mais avec affectation au but social, même à titre gratuit, et les administrer dans ce but.

(2) *Sic* Vallé, Sénat, *J. Off.*, 1901, *Doc. parl.*, p. 788, et 18 juin 1901, *Déb. parl.*, p. 910 ; — Trouillot et Chapsal : *Op. cit.*, p. 506 ; — Hauriou : *Op. cit.*, p. 264.

n'encourt aucune pénalité et échappe même à la nullité de l'article 17, car il ne fait qu'user de sa capacité personnelle incontestable.

§ III. — *Dissolution.*

La dissolution d'une association non déclarée peut être volontaire, statutaire ou prononcée par justice. — Au premier cas, cette grave mesure ne peut être prise que du consentement unanime des associés, sauf clause contraire aux statuts ; mais, si l'association a été formée pour un délai illimité, chaque membre peut s'en retirer en tout temps, nonobstant toute clause contraire. (Loi 1901, art. 4.) — La dissolution est prononcée en justice, — obligatoirement en cas d'infraction à l'article 3, si le groupement est formé en vue d'un objet illicite, — facultativement, à la demande de particuliers intéressés, non par application de l'article 7, § 2, de la loi de 1901, qui ne leur est pas applicable (1), mais dans les conditions du droit commun (voir anal. C. civ., art. 1871), par exemple si un associé manque gravement à ses engagements.

Nous retrouverons ces questions à propos des associations déclarées, matière où leur importance est bien plus considérable.

SECTION III

ASSOCIATIONS DÉCLARÉES

§ I. — *Constitution et fonctionnement. Formalités* (2).

Toutes les fois que l'on voudra assurer à une association un capital social et une capacité juridique indiscutables, on devra prendre le second type légal, celui de l'association déclarée (art. 5 et suiv.) (3). Les formalités de constitution sont simples d'ailleurs.

(1) Il en est de même, en ce qui concerne leurs membres, des pénalités édictées par l'article 8, § 1.

(2) Voir l'indication précise des formalités à remplir *infra aux annexes*, n° III.

(3) Ce type pourrait-il être adopté, de préférence à celui du syndicat de la loi du 21 mars 1884, par les personnes s'associant en vue de poursuivre l'étude et la

Dès que le contrat d'association est définitivement conclu et que les statuts sont arrêtés, l'association, qui a pu très légitimement exister déjà quelque temps sans déclaration sauf à n'avoir aucune capacité juridique, doit, avant tout acte relatif à la vie civile, « être rendue publique, par les soins de ses fondateurs », au moyen d'une déclaration et d'une annonce au *Journal officiel*. (Loi 1901, art. 5. Décret 1901, art. 1er.)

A. — *Déclaration initiale.* — La déclaration, à laquelle sont joints deux exemplaires des statuts (1), doit énoncer « *le titre et l'objet de l'association, le siège de ses établissements, et les noms, professions et domiciles de ceux qui, à un titre quelconque, sont chargés de son administration ou de sa direction* ». Il est donc nécessaire, — d'abord, de rédiger des statuts contenant les dispositions essentielles à l'organisation du groupe, — puis, de mentionner dans la déclaration le nom donné, comme raison sociale, à l'association, le but poursuivi, l'adresse du siège social (2) et, le cas échéant, des autres locaux où fonctionnent des services dépendants de la même œuvre, les noms et domiciles de ceux qui la représenteront vis-à-vis des tiers. Là se bornent les exigences de la loi ; aucune indication supplémentaire ne saurait donc être exigée dans la déclaration. D'après une circulaire ministérielle en date du 26 mars 1903, cette pièce doit être établie sur papier timbré, ainsi que les exemplaires des statuts qui l'accompagnent (3).

L'obligation de faire la déclaration incombe à tous ceux qui sont chargés de l'administration ou de la direction du groupe

défense d'intérêts professionnels ? Certainement, oui à notre sens, sauf à renoncer aux avantages spéciaux reconnus en 1884 aux syndicats et assurant à ceux-ci une situation juridique meilleure en principe qu'aux simples associations. En effet, la loi du 1er juillet 1901 constitue la législation de droit commun en la matière, et l'on doit pouvoir toujours s'y référer. — *A fortiori* admettrons-nous la légalité d'associations déclarées formées dans un intérêt professionnel entre personnes qui ne sauraient invoquer le bénéfice de la loi de 1884, parce que, par exemple, elles n'exercent pas la même profession ou des professions connexes ? (*Sic* GRUMBACH : *Op. cit.*, n° 119, p. 100. — *Contra* BERTHÉLEMY : *Op. cit.*, p. 304.)

(1) Il suffit que ces statuts soient signés et certifiés conformes par l'auteur de la déclaration.

(2) C'est à ce siège social qu'en cas de poursuite seront assignés les représentants de l'association.

(3) Voir, quant au droit de timbre exigible à ce point de vue, *infra*, chap. II

nouvellement formé. Mais il suffit que l'un d'eux remplisse cette mission; la signature d'un seul des membres du bureau, du Président par exemple, suffit pour rendre la déclaration valable. (Instruction du Ministre de l'Intérieur au Préfet de l'Isère, 15 octobre 1901.)

La déclaration est faite obligatoirement à la préfecture, quand l'association a son siège social dans l'arrondissement chef-lieu; sinon, à la préfecture ou à la sous-préfecture de l'arrondissement dans lequel est situé le siège social. (Loi 1901, art. 5.) Pour le département de la Seine, elle se fait à la préfecture de police. (Décret 1901, art. 4.)

Il est donné par l'autorité chargée de recevoir la déclaration un récépissé sur timbre de ce dépôt. (Loi 1901, art. 5.) Le dit récépissé, daté et signé (1), constate l'accomplissement de la formalité matérielle et contient obligatoirement l'énumération des pièces annexées à la déclaration. (Décret 1901, art. 5.) Comme il va constituer le titre légal attestant l'individualité propre de l'association, il ne saurait être refusé par l'administration, qui d'ailleurs n'a pas qualité pour apprécier le caractère, licite ou non, du groupement, cette mission étant exclusivement réservée aux tribunaux judiciaires. Si, cependant, le préfet ou le sous-préfet ne voulait pas délivrer cet écrit, il conviendrait de faire constater le fait par un exploit d'huissier précisant la nature et la teneur des pièces déposées (2); ledit exploit suppléerait pour l'association à l'absence de récépissé.

B. — *Insertion au Journal officiel.* — La déclaration doit, en outre, être portée à la connaissance de tous, par les soins de ceux qui étaient chargés de la faire, au moyen de l'insertion d'un extrait au *Journal officiel.* (Décret 1901, art. 1er, § 2.) Les frais de l'insertion sont à leur charge. — D'ailleurs, les seules mentions exigées dans cet extrait sont « la date de la déclaration, le titre et l'objet de l'association, l'indication de son siège social ».

(1) Le préfet, dans l'arrondissement chef-lieu du département, peut déléguer sa signature (Décret 1901, art. 5), mais non le sous-préfet dans les autres arrondissements. La signature du secrétaire de la sous-préfecture devrait donc être tenue pour insuffisante par les déclarants.

(2) *Sic* GRUMBACH : *Op. cit.*, p. 28; — PICHAT : *Op. cit.*, n° 67; — *Confer* HAURIOU : *Op. cit.*, p. 265, note 4. Peut-être même une attestation signée de deux citoyens serait-elle suffisante.

(*Ibid.*) Ces indications peuvent être condensées dans un texte fort bref, et il y a lieu d'agir ainsi pour diminuer le coût de la publication (1). La formule doit être envoyée à MM. Lagrange et Cerf, 8, Place de la Bourse, à Paris.

L'extrait publié au *Journal officiel* est reproduit par les soins du préfet, en dehors de toute initiative, partant de toute responsabilité, pour les associés et sans aucun frais pour eux, au Recueil des actes administratifs de la Préfecture. (Décret 1901, article 1er, § 3.) Cette reproduction est nécessairement postérieure à la publication de l'*Officiel;* elle sera strictement et littéralement conforme au texte qui y aura été inséré. (Circulaire du Ministre de l'Intérieur, 14 décembre 1901. *Bull. off. Min. de l'Int.*, 1901, p. 422.)

L'insertion au *Journal officiel* doit avoir lieu, d'après l'article 1er, § 2, du décret de 1901, « dans le délai d'un mois » qui court du jour du dépôt de la déclaration. L'inobservation de ce délai aurait pour résultat de rendre l'existence de l'association inopposable aux tiers jusqu'au jour où la publication serait opérée ultérieurement. Mais la tardiveté de l'insertion n'autoriserait pas, d'après la jurisprudence du Ministère de l'Intérieur (2), le préfet à s'abstenir d'en faire opérer la reproduction au Recueil des actes de la Préfecture; elle ne rendrait pas davantage nécessaire une déclaration nouvelle. La personnalité morale ne serait pas moins acquise, par le seul fait de la déclaration, à l'association, et les sanctions civiles ou pénales des articles 7, § 2, et 8, § 1er, de la loi de 1901 ne s'appliqueraient pas, car le délai d'un mois (comme, du reste, la formalité de l'insertion) est prescrit par le décret du 16 août 1901, et non par l'article 5 de la loi (3).

C. — *Modifications aux statuts. Changements dans l'administration ou la direction.* — Pour compléter le système de publicité qu'elle organise à l'égard des associations déclarées, la loi oblige ces associations à faire connaître, dans les trois mois de

(1) Le tarif est de 3 francs la ligne. (Décret 7 avril 1902.) — Voici un modèle d'insertion : Déclaration du 27 décembre 1903 : L'Amicale post-scolaire. Bégard (Côtes-du-Nord). But : Éducation, musique. — L'emploi des abréviations (décl. pour déclaration ; ass. pour association) serait aussi parfaitement licite.

(2) GRUMBACH : *Op. cit.*, n° 40, p. 32 ; — *Sic* PICHAT : *Op. cit.*, n° 64.

(3) GRUMBACH et PICHAT : *Op. cit.* et *loc. cit.*

leur date, par une déclaration faite de la même façon et aux mêmes lieux que la déclaration initiale, « tous les changements survenus dans leur administration ou direction, ainsi que toutes les modifications apportées à leurs statuts » (art. 5) (1). L'article 3 du décret, plus explicite, précise comme devant faire l'objet de déclarations supplémentaires : les changements dans le personnel de l'administration ou de la direction ; les nouveaux établissements fondés ; le changement d'adresse du siège social dans la même localité (2) ; les acquisitions ou aliénations d'immeubles (3). Ces déclarations et les pièces annexes sont soumises au droit de timbre, comme la déclaration initiale : on fera donc bien, dans la rédaction des statuts, de songer à réduire le plus possible les changements ultérieurs et, par suite, les frais en résultant. L'administration est tenue de donner un récépissé.

En l'absence de déclaration, les modifications et changements ne sont pas opposables aux tiers. Ils ne le sont « qu'à partir du jour où ils auront été déclarés ». (Loi 1901, art. 5.)

Au contraire de ce qui a lieu pour la déclaration initiale, les changements échappent à l'obligation d'une insertion par extrait au *Journal officiel* et à la reproduction d'un tel extrait au Recueil des actes de la Préfecture (4). S'ils ont pour effet de modifier la capacité juridique de l'association, ils ne la créent pas. De plus, la publicité est moins nécessaire en ce qui les concerne, puisqu'avertis de la naissance du groupement, les tiers peuvent aller à la préfecture ou à la sous-préfecture qui a reçu la première déclaration et s'y faire donner communication du dossier tout entier. (Décret 1901, art. 2.)

Registre des modifications. — En vue de permettre aux autorités administratives et judiciaires de vérifier l'observation des règles légales par les associations déclarées, celles-ci sont tenues d'avoir au siège social un registre spécial, sur papier libre, sur

(1) En cas de modifications statutaires, deux exemplaires des statuts modifiés seront joints à la déclaration.

(2) S'il y avait un changement de localité tel que le nouveau siège social fût situé dans un autre arrondissement que celui où a été faite la première déclaration, celle-ci, semble-t-il, devrait être renouvelée.

(3) « Un état descriptif, en cas d'acquisition, et l'indication des prix d'acquisition ou d'aliénation doivent être joints à la déclaration. » (Décret 1901, art. 3 *in fine*.)

(4) *Sic* GRUMBACH : *Op. cit.*, p. 35 ; — PICHAT : *Op. cit.*, n° 66.

lequel sont transcrits, de suite et sans aucun blanc, tous les changements et modifications dont nous venons de parler, avec mention des dates des récépissés à eux relatifs. Ce registre, « coté par première et dernière et paraphé sur chaque feuille par le préfet ou son délégué, ou par le sous-préfet (1) », n'est pas à la disposition du public ; mais il devra être présenté, sans déplacement possible, « aux autorités administratives ou judiciaires, chaque fois qu'elles en feront la demande ». (Loi 1901, art. 5 ; Décret 1901, art. 6, 31.)

D. — *Droit des tiers de consulter les déclarations et pièces annexes.* — Pour chaque association, dans un intérêt général, un dossier est constitué à la préfecture ou à la sous-préfecture qui a reçu sa première déclaration. Y figurent toutes les déclarations successives faites en son nom avec les pièces annexes. Tout intéressé en peut prendre communication sans déplacement, au secrétariat de ladite préfecture ou sous-préfecture, et se fera, au besoin, délivrer expédition ou extrait des déclarations et pièces annexes, sur papier timbré (2) à ses frais. (Décret 1901, art. 2.)

E. — *Sanctions de l'inobservation des formes légales dans la déclaration.* — En dehors de la non-opposabilité aux tiers des clauses des statuts ou des mentions originaires, modifications et changements qui devaient être l'objet d'une déclaration et ne l'ont pas été (3), deux ordres de sanctions sont établis par la loi en cas d'omission des déclarations prescrites :

1° Une sanction civile (Loi 1901, art. 7, § 2) : La dissolution de l'association « *pourra être prononcée par le tribunal civil à la requête de tout intéressé ou du ministère public* ». C'est, non à l'autorité administrative (4), mais aux tribunaux judiciaires, qu'il

(1) Le sous-préfet ne saurait déléguer ce pouvoir.

(2) Le papier à employer est celui de 1 fr. 80. (Loi 13 brum. an VII, art. 19, et Circ. du Ministre de l'Intérieur, 26 mars 1903. *Bull. Min. Int.*, 1903, p. 85.)

(3) Nous rappelons que l'absence d'insertion au *Journal officiel* rendra inopposables aux tiers les mentions de la déclaration originaire et les pièces y annexées, mais qu'elle n'aura pas un tel effet quant aux changements ultérieurs, opposables aux tiers par le fait seul de la déclaration.

(4) Jamais, sauf au cas de l'article 12 de la loi, l'autorité administrative ne peut dissoudre une association. (TROUILLOT : Rapport à la Chambre des députés, p. 27 ; — VALLÉ : Rapport au Sénat, *Journal officiel*, séance du 6 juin 1901, p. 788.)

appartient de prononcer cette dissolution et, spécialement ici, au tribunal de première instance du lieu où l'association a son siège social, statuant correctionnellement. En cas d'infractions aux dispositions de l'article 5 relatives à la publicité, la dissolution est facultative pour le juge, qui devra n'appliquer cette sanction que dans des cas exceptionnels, s'il y a eu violation d'une prescription fondamentale (1), non pour une omission insignifiante.

Si l'action est exercée d'office par le ministère public, l'instance est engagée par une assignation, donnée, au siège social, aux directeurs ou administrateurs de l'association. Tout intéressé, associé ou non, pourra intervenir au procès. (Décret 1901, art. 28.)

Quand l'association est déclarée dissoute, le droit commun doit faire considérer les administrateurs négligents comme responsables vis-à-vis des associés. Mais ils ne le sont pécuniairement que si leur faute a entraîné un dommage réel.

Le jugement n'a pas d'effet rétroactif. La dévolution des biens s'effectuera comme en cas de dissolution volontaire.

2° Une sanction pénale (Loi 1901, art. 8, § 1). « *Seront punis d'une amende de 16 à 200 francs et, en cas de récidive, d'une amende double, ceux qui auront contrevenu aux dispositions de l'article 5.* » Par l'application, toujours possible (*Ibid.*, art. 19), des circonstances atténuantes, le tribunal correctionnel aura la faculté d'abaisser la peine jusqu'à 1 franc. Ce tribunal sera saisi par le ministère public, soit d'office, soit sur la plainte de l'administration ou d'un intéressé quelconque.

La pénalité doit atteindre ceux qui auront contrevenu aux dispositions de l'article 5, c'est-à-dire ceux-là seuls qui sont chargés de l'administration ou de la direction de l'association, à l'exclusion des autres associés, car c'est aux premiers qu'il appartient de remplir les formalités légales de publicité. Ils seront faciles à connaître en général, leurs noms figurant à la déclaration initiale ; en tout autre cas, il incombera au ministère public de rechercher les personnes responsables et au tribunal de les dési-

(1) Quand, par exemple, les statuts ne sont pas déposés, ou lorsqu'une association change d'objet sans déclaration nouvelle. (Voir la discussion d'un amendement de M. Bérenger au Sénat, sur l'article 7. *Journal officiel*, Sénat, Déb. parl., 18 juin 1901, p. 607.)

gner en fait. — Toute déclaration inexacte ou mensongère tomberait évidemment sous le coup de l'article 8, § 1er, de la loi, indépendamment des peines encourues, le cas échéant, pour faux.

Les pénalités susvisées frappent toute infraction, même non intentionnelle (1), aux prescriptions de l'article 5 de la loi, le défaut de tenue du registre spécial au siège social comme l'omission d'une déclaration exigée. — En revanche, elles ne frappent que les infractions aux dispositions de ce texte. Y est donc soustraite la non-publication au *Journal officiel* d'un extrait de la déclaration originelle dans le délai d'un mois : toute prescription pénale doit être interprétée restrictivement et la publication à l'*Officiel* est exigée, non par l'article 5 de la loi, mais par l'article 1er du décret. L'omission ou l'irrégularité de cette formalité ne saurait être sanctionnée que par une amende de simple police, de 1 à 5 francs, en vertu de la disposition générale de l'article 471, § 15, du Code pénal (2).

§ II. — *Capacité juridique des associations déclarées.*

Par le fait même de l'accomplissement des formalités initiales de publicité, l'association acquiert la personnalité morale et une capacité juridique d'ailleurs restreinte ; elle devient capable d'avoir un patrimoine propre, distinct de ceux de ses membres, gage exclusif des créanciers sociaux. Les droits qui lui sont conférés sont énumérés limitativement dans l'article 6 de la loi. Elle peut, « *sans aucune autorisation spéciale, ester en justice, acquérir à titre onéreux, posséder et administrer, en dehors des subventions de l'État, des départements et des communes : 1° les cotisations de ses membres ou les sommes au moyen desquelles ces cotisations ont été rédimées, ces sommes ne pouvant être supé-*

(1) Ces infractions constituent ce qu'on appelle des *délits contraventions*, c'est-à-dire qu'elles sont punissables par le seul fait de la réalisation du fait matériel visé par la loi, quelques circonstances qui l'excusent et en dehors de toute intention délictueuse. Cela résulte spécialement de la discussion et du rejet au Sénat d'un amendement de M. Riou exigeant une telle intention chez le délinquant. (Sénat, séance du 18 juin 1901, *Journal officiel*, 19 juin, Déb. parl., Sénat, pp. 916 et suiv.) — Par ailleurs, ce sont de véritables délits relevant du tribunal correctionnel (Chambre, séance du 7 fév. 1901, *J. off.*, p. 328), soumis à la prescription de trois ans, etc.

(2) *Sic* Grumbach : *Op. cit.*, n° 47, p. 37 ; — Bertin et Charpentier : *Op. cit*, p. 128.

rieures à 500 francs ; 2° le local destiné à l'administration de l'association et à la réunion de ses membres ; 3° les immeubles strictement nécessaires à l'accomplissement du but qu'elle se propose ». Reprenons cette énumération en signalant les points sur lesquels la capacité juridique normale se trouve réduite de façon à constituer pour les associations déclarées ce qu'on nomme la *petite personnalité civile*.

A. — *Droit d'ester en justice.* — Sur ce point, le droit est absolu. En demandant comme en défendant, devant toutes les juridictions tant administratives que judiciaires, en dehors de toute autorisation particulière, les associations déclarées peuvent ester en justice (1) en leur propre nom, toutes les fois que l'action se rapporte à l'intérêt collectif, moral ou pécuniaire, qu'elles incarnent (2). Elles devront agir par un représentant jouissant de la plénitude de ses droits civils.

Ce représentant sera, d'ordinaire, indiqué pour les actions en justice, comme d'ailleurs pour les actes de la vie civile, par un article des statuts qui, le plus souvent, choisira comme tel un des membres du comité directeur, par exemple le président ou le trésorier ; les tiers seront renseignés sur ce point en consultant les statuts au secrétariat de la préfecture ou de la sous-préfecture. Dans le cas rare où les statuts seront muets sur la question, les tiers assigneront valablement le chef (directeur ou président) de groupe, qui aura *ipso facto* qualité pour défendre (3) ; mais, si l'association doit être demanderesse, il faudra une délibération spéciale de l'assemblée générale pour donner pouvoir à quelqu'un de représenter l'association en justice (4).

Le tribunal judiciaire devant lequel l'association sera assignée est, en principe, celui de l'arrondissement dans lequel se trouve

(1) Elles peuvent transiger par argument des articles 2044 et suiv. du Code civil. (Déclaration de M. Trouillot, le 5 février 1901, à la Chambre. *Journal officiel*, 6 février, Déb. parl., Chambre, p. 314.)

(2) Elles n'auraient pas qualité au contraire pour exercer les actions purement personnelles appartenant individuellement aux associés ou à un groupe d'associés. (Caen, 29 mai 1908, *Rec. Caen*, 1908, 226.)

(3) Telle est la règle pour les actions en nullité ou en dissolution intentées par le ministère public, d'après l'article 18 du décret du 16 août 1901.

(4) Il en serait autrement au cas où, par extraordinaire, les statuts, sans désigner le représentant de l'association, chargeraient le comité directeur de le choisir dans chaque espèce.

son siège social. (C. proc. civ., art. 69.) Toutefois, quand l'association a des établissements secondaires, l'action peut être intentée devant les tribunaux des lieux où sont ces établissements, considérés comme domiciles élus, si elle les concerne spécialement (1).

B. — *Biens pouvant entrer dans le patrimoine social.* — La capacité juridique des associations est restreinte à un double point de vue, et quant aux biens pouvant leur appartenir, et quant aux modes d'acquérir à elles permis.

Relativement aux meubles tant corporels qu'incorporels, il résulte du silence comme de l'esprit de la loi qu'aucune limitation n'est apportée au patrimoine des associations. Elles ont aussi toute liberté pour en faire emploi, notamment pour placer en valeurs quelconques les économies réalisées sur les cotisations versées. Elles pourraient, d'après MM. Trouillot et Chapsal (2), se faire autoriser à avoir, comme les syndicats professionnels, un compte ouvert à la caisse nationale d'épargne en vertu de la loi du 9 avril 1881, article 6, § 1.

S'agit-il d'immeubles, au contraire, la loi limite pour les associations la faculté d'acquérir et de posséder, en dehors du local affecté au siège social, aux seuls immeubles indispensables (3) pour atteindre le but qu'elles se proposent, par exemple, aux locaux scolaires dans une association établie en faveur d'une école, à l'asile, l'hôpital ou la crèche, quant à une association d'assistance. Il leur est donc interdit de faire entrer et de conserver dans leur patrimoine des immeubles de rapport pour en tirer profit. Toutefois, la loi n'a pas entendu défendre à une association de louer sa salle de réunion les jours où ses membres ne s'y assemblent pas (4).

C. — *Modes d'acquérir.* — Les associations déclarées peuvent,

(1) *Sic* Planiol : *Op. cit.*, t. I, p. 990 ; — Pichat : *Op. cit.*, n° 76.

(2) *Op. cit.*, p. 96.

(3) Le texte n'admet la possession que des immeubles *strictement* nécessaires au fonctionnement de l'association, et la proposition de suppression du mot *strictement* a été repoussée à la Chambre des députés, le 5 février 1901. (Amendement Iriart d'Etcheparre, *Journal officiel*, Déb. parl., Chambre, pp. 314 et suiv.) Il doit être entendu restrictivement.

(4) Trouillot et Chapsal : *Op. cit.*, p. 98.

dit le texte, « acquérir à titre onéreux (1) ». Il en résulte que les acquisitions à titre gratuit sont prohibées pour elles, et cette induction est confirmée par la comparaison de l'article 6 de la loi avec l'article 11 qui, pour les associations reconnues d'utilité publique, consacre, au contraire, le droit de recevoir des libéralités à charge d'autorisation (2). D'autre part, la seule ressource normale de ces associations consiste dans les cotisations de leurs membres. Il faut insister quelque peu sur ces deux points.

1° *Acquisitions à titre gratuit.* — En dehors de l'État, des départements ou des communes (3), nul (établissement public ou d'utilité publique, société privée ou particulier, membre ou non de l'association) ne peut accorder de subvention à une association simplement déclarée. L'intention formelle du législateur à ce point de vue a été précisée par le rejet, — à la Chambre, d'un amendement de M. Baron conférant à ces associations le droit de recevoir des souscriptions (4) — et, au Sénat, d'un amendement de M. Riou leur permettant d'acquérir à titre gratuit (5). En vain, MM. Trarieux, Bérenger et Mézières démontrèrent-ils que refuser aux œuvres charitables d'une façon absolue le droit de recourir à la générosité publique, c'était leur porter un coup de mort en même temps que rompre avec une pratique séculaire, qu'il était au moins étrange, dans une loi dite de liberté pour les associations, de rendre la vie impossible aux associations déjà existantes. Le texte restrictif, défendu par le Gouvernement, fut définitivement maintenu. Bref, les associations déclarées ne peuvent pas être bénéficiaires de donations ou de legs, voire même de souscriptions de leurs membres, et, si, en fait, elles

(1) Sauf, d'ailleurs, à ne pouvoir ainsi acquérir que les biens limitativement énumérés à l'article 6, nos 1, 2 et 3. (Chambre des députés, séance du 5 février 1901. Discussion des amendements de MM. Piou, Iriart d'Etcheparre et Cunéo d'Ornano, *Journal officiel* du 6 février, Déb. parl., Chambre, pp. 314 et suiv.)

(2) Voir cependant Lepage : *Libéralités en faveur des associations non reconnues d'utilité publique*, pp. 13 et suiv.

(3) Encore est-il fort à craindre qu'adoptant la thèse de MM. Trouillot et Chapsal : *Op. cit.*, p. 89 ; — Bertin et Charpentier : *Op. cit.*, p. 71, sur l'illégalité de toute subvention communale en faveur d'une école libre, la jurisprudence condamne toute attribution de fonds communaux à une association privée ayant pour but la fondation de telles écoles.

(4) Séance du 5 février 1901, *Journal officiel* du 6, Déb. parl., Chambre, p. 317.

(5) Séance du 17 juin 1907, *Journal officiel* du 18, Déb. parl., Sénat, pp. 900 et suiv.

reçoivent des dons manuels, le ministère public, à défaut même des particuliers intéressés, pourra faire tomber de semblables actes, sauf à devoir, chose parfois difficile, en faire la preuve. Le législateur a paru très occupé de maintenir la prohibition de recevoir à titre gratuit et d'en assurer l'observation (1).

2° *Cotisations.* — Le mot *cotisations* a remplacé, dans l'article 6 de la loi, pour désigner les sommes à fournir périodiquement par les associés, l'expression *apports mobiliers* figurant au projet primitif, mais jugée dangereuse comme trop élastique et susceptible de valider parfois des souscriptions exagérées de la part des dits associés (2). — La cotisation, unique ressource des associations déclarées en dehors des subventions hypothétiques des unités administratives, est la somme d'argent, fixée par les statuts, que chaque membre du groupe s'oblige à verser tous les ans ou au moins périodiquement. Nous rappelons, d'ailleurs, que l'engagement pris ainsi par chaque associé ne persiste quant à lui, pendant toute la durée de l'association, que s'il s'agit d'un groupement formé pour un temps déterminé ; s'agit-il d'une association à durée illimitée (3), « tout membre peut s'en retirer en tout temps, après paiement des cotisations échues et de l'année courante, nonobstant toute clause contraire ». (Loi 1901, art. 4.)

Les statuts fixent librement le taux de la cotisation (4). Il est parfaitement licite d'y prévoir diverses catégories de membres (bienfaiteurs, honoraires, actifs, adhérents, etc.) avec un chiffre de cotisation distinct pour chaque catégorie, pourvu qu'il soit uniforme à l'intérieur de chacune. Il ne l'est pas moins (et ce peut être fort utile pour constituer à l'association qui débute une première mise de fonds sérieuse) de majorer à l'égard de tous les associés, ou pour certaines catégories d'associés, la cotisation de la première année d'une certaine somme, dite *droit*

(1) Voir Chambre, Déb. parl., séance du 5 février 1901, *Journal officiel*, p. 317, rejet de l'amendement Baron.

(2) Chambre des députés, séance du 5 février, Discours Waldeck-Rousseau et Trouillot, *Journal officiel* du 6 février 1901, Déb. parl., pp. 313 et suiv. Rapport Trouillot, p. 26.

(3) Ce peut être un motif déterminant pour adopter ou rejeter, dans les statuts, cette forme spéciale d'association.

(4) Telle était déjà la règle posée à l'égard des Syndicats professionnels par la loi du 21 mars 1884.

d'entrée; il suffit que cette majoration soit fixée par les statuts à un chiffre identique pour les divers membres de la même classe. — Très généralement, les adhérents désirent pouvoir se libérer en une fois par le versement d'une somme qui les dispensera de payer une cotisation annuelle ; cette faculté de rachat existe quand les statuts l'auront prévue et autorisée. Sauf en cette hypothèse, le propre de la cotisation est d'être répétée chaque année, avec un taux toujours identique (1) pour la même catégorie d'associés. N'oublions pas, toutefois, que, si l'association a une durée illimitée, la cotisation d'un membre ne perd pas son caractère, pour devenir une donation prohibée, du seul fait qu'elle ne se renouvelle pas, le dit membre usant, au bout de l'année, de son droit incontestable de quitter l'association.

Le taux de la cotisation, avons-nous dit, est libre. Cela est évident, semble-t-il, puisqu'aucun texte n'en limite le chiffre. On en a douté cependant, parce que l'article 6 limite expressément à 500 francs la somme pouvant être portée aux statuts comme taux de rachat des dites cotisations. Comment admettre une telle limitation du prix de rachat, si les cotisations peuvent être illimitées ? Cette objection a été présentée au Sénat, notamment par M. Trarieux qui demandait, sous forme d'amendement, la suppression de toute limitation. Le Président du Conseil a défendu le texte proposé. A plusieurs reprises, il a reconnu formellement qu'il n'y avait aucun chiffre maximum assigné aux cotisations. Il a expliqué l'anomalie apparente entre cette décision de la loi et la fixation par elle d'un taux maximum quant au prix de rachat : d'après lui, la cotisation, devant être répétée, constitue un engagement périodique qui ne sera pris qu'à bon escient, tandis que, sous couleur de rachat de cotisations, il y aurait danger de voir se produire des versements faits une fois pour toutes qui seraient des donations mobilières prohibées (2). — Nous conclurons très affirmativement de cette dis-

(1) Mais rien n'empêcherait de prévoir un taux comportant quelque latitude entre un maximum et un minimum fixés. Les statuts porteraient, par exemple, très valablement : « Les membres honoraires paieront, chaque année, de 50 à 100 francs; les membres actifs, de 10 à 20 francs. » Rappelons aussi ce que nous avons dit de la légitimité et des avantages de la stipulation d'un *droit d'entrée.*

(2) Sénat, séance du 17 juin 1901, MM. Trarieux, Bérenger, Waldeck-Rousseau. *Journal officiel* du 18 juin, Dép. parl., pp. 902 et suiv.

cussion que, dans la libre rédaction de leurs statuts, les associés ne rencontrent aucune restriction quant à la fixation du taux des cotisations (1). Tout au moins, les esprits les plus timorés, qui ne peuvent se résoudre à admettre la légalité de cotisations élevées (de 2,000 francs par exemple) rachetables, si le rachat en est prévu, au taux maximum de 500 francs, ne pourraient, sans arbitraire, contester la légitimité des cotisations de 500 francs, puisque ce dernier chiffre est le seul qu'on rencontre dans la loi.

Toutefois, une remarque s'impose. En présence de cotisations d'un taux élevé, surtout si elles ne se reproduisaient pas de la part des mêmes associés, les tribunaux pourraient toujours être invités, soit par les intéressés, soit par le ministère public, à rechercher si, légale en apparence, l'opération ne masque pas une libéralité illicite faite à l'association, partant s'il ne convient pas d'en prononcer la nullité. Rappelons-le encore, le propre de la cotisation, c'est de se répéter chaque année.

3° *Apports.* — Serait-il légal de ne déclarer l'association que lorsqu'on aurait déjà réuni un capital suffisant et, puisque du jour même de la déclaration date la capacité juridique de cette association, de lui attribuer, dès sa naissance, le capital ainsi réuni ? On voit de suite l'objection : les associations simplement déclarées ne peuvent recevoir aucune libéralité, même de leurs membres et, pour accentuer la prohibition, le mot « cotisations » a été substitué, au cours des travaux préparatoires, à l'expression « apports ». — L'argumentation est sérieuse et semble impliquer une réponse négative ; elle n'est, cependant, pas décisive à nos yeux. Il ne s'agit, en effet, dans l'espèce, ni d'apports, ni de libéralités faites à une association existante, mais d'un moyen nécessaire pour la mettre, dès le premier jour, en état de remplir sa mission, ce qu'elle ne saurait faire sans une première mise de quelque importance. Aussi bien, avant 1901, l'existence régulière et la capacité civile d'une association ne dataient-elles pas du jour où elle était autorisée par le Gouvernement ? Or, le Conseil d'État n'admettait, et n'admet encore

(1) TROUILLOT et CHAPSAL : *Op. cit.*, p. 93 ; — GRUMBACH : *Op. cit.*, n° 51, p. 40 ; — HAURIOU : *Op. cit.*, p. 267, note 1 ; — BERTHÉLEMY : *Op. cit.*, p. 302 ; — BERTIN et CHARPENTIER : *Op. cit.*, p. 69 ; — PICHAT : *Op. cit.*, n° 69.

d'ailleurs, à la reconnaissance que les groupements justifiant déjà d'une durée appréciable et de ressources suffisantes. Pourquoi ne pas reconnaître aujourd'hui aux associations libres la faculté de ne se constituer à l'état de personnes morales qu'après avoir réuni le capital nécessaire à leur fonctionnement ?

Les travaux préparatoires fournissent un puissant argument en ce dernier sens. Le 17 juin 1901, au Sénat, M. Waldeck-Rousseau a dit : « Si l'association juge nécessaire de posséder un immeuble, *elle ne fera de déclaration qu'autant qu'elle aura l'immeuble nécessaire ou les ressources pour se le procurer* (1). » La phrase est inexplicable pour quiconque déclare impossible une première mise de fonds par les associés. Du reste, le texte, sinon de la loi elle-même, du moins du décret du 16 août 1901, implique également cette solution, puisque, traitant de la dévolution des biens en cas de dissolution d'une association, il reconnaît formellement aux associés, dans tous les cas, le droit de reprendre leurs « apports (2). »

En résumé, nous croyons légal, de la part des associés, de procéder par voie d'apport au jour de la déclaration de l'association (3). Toutefois, cette thèse n'ayant pas encore été soumise aux tribunaux, il pourrait être dangereux de compter sur son succès complet et surtout immédiat.

D. — *Sanction des dispositions limitant la capacité juridique des associations déclarées.* — A l'égard de tout acte considéré comme un effort illégal de l'association pour briser le réseau de restrictions mis à sa capacité, l'article 17 de la loi prononce une sanction : la nullité de l'acte ainsi fait, que déclarera le tribunal civil du lieu où est situé le siège social de l'association. « *Sont nuls tous actes entre vifs ou testamentaires, à titre onéreux ou gratuit, accomplis soit directement, soit par personne interposée, ou toute autre voie indirecte, ayant pour objet de permettre aux*

(1) *Journal officiel*, 18 juin 1901. Déb. parl., Sénat, p. 904.

(2) On peut, il est vrai, répondre à cet argument que l'article 15 du décret du 16 août vise les associations reconnues d'utilité publique en même temps que les associations déclarées, et les premières peuvent certainement recevoir des apports (Crouzil : *La liberté d'association*, p. 131).

(3) *Sic* Clunet : *Les associations au point de vue historique et juridique*, Introduction p. x. Le développement de cette opinion, simplement affirmée à l'introduction, se trouvera dans le second volume non encore paru.

associations légalement ou illégalement formées de se soustraire aux dispositions de l'article 6. » Le texte prévoit donc des simulations, des interpositions de personnes, et il étend les règles posées par l'article 911 du Code civil. Ce seront, du reste, les principes généraux qu'il faudra appliquer au point de vue de la preuve à fournir de ces diverses combinaisons : cette preuve incombera aux demandeurs en nullité ; elle pourra résulter de simples présomptions de fait souverainement appréciées par les tribunaux, mais, en ce qui concerne les associations, l'article 17 n'admet pas de présomptions légales d'interposition de personnes (1).

La nullité des actes faits en fraude de la loi est une nullité absolue, insusceptible de ratification expresse ou tacite. Elle peut être prononcée, nous dit l'article 17, « soit à la diligence du ministère public, soit à la requête de tout intéressé » (c'est-à-dire de toute personne ayant été partie à l'acte ou susceptible de retirer un avantage pécuniaire de la décision judiciaire en ce sens). — Les intéressés agiront suivant les règles ordinaires de la procédure civile. — Quant au ministère public agissant d'office, il assignera ceux qui, à un titre quelconque, sont chargés de la direction ou de l'administration de l'association ; tout intéressé, membre ou non de l'association, pourra intervenir à l'instance. (Décret 16 août 1901, art. 28.)

Ou trente ans se seront écoulés depuis les actes attaqués, et leurs conséquences de fait ne seront plus susceptibles d'être modifiées (2). Ou, la nullité étant prononcée avant l'expiration de ce délai, les parties seront remises dans l'état où elles se trouvaient au jour où l'acte nul est intervenu.

La nullité est, d'ailleurs, la seule sanction légale des actes passés en violation de l'article 6. — Il ne pourrait résulter de pareils faits *ni poursuites contre les administrateurs* (et *a fortiori* contre *les membres*) *de l'association, ni dissolution du groupe* (3).

Si, en effet, d'abord, l'article 8, § 1, de la loi prononce une

(1) L'article 17 n'en admet qu'en ce qui concerne les congrégations.

(2) Cass., 6 nov. 1895, D. 97, 1. 25.

(3) *Sic* déclaration Vallé au Sénat, le 17 juin 1901. *Journal officiel* du 18, Déb. parl., p. 910 ; — HAURIOU : *Op. cit.*, p. 119 ; — BERTIN et CHARPENTIER : *Op. cit.*, p. 81. Implicitement TROUILLOT et CHAPSAL : *Op. cit.*, pp. 99 et suiv. ; — GRUMBACH : *Op. cit.*, p. 43, n° 54.

amende contre les administrateurs (1), c'est uniquement en cas d'infraction « aux dispositions de l'article 5 », c'est-à-dire quand les formalités de publicité requises par ce dernier texte n'ont pas été remplies ou l'ont été irrégulièrement ; aussi avons-nous dit qu'il frappait le fait matériel indépendamment de toute intention délictueuse. Ici, l'infraction, si elle existe, est un manquement à l'article 6, et non à l'article 5, de la loi ; par sa nature même, elle diffère de la contravention purement matérielle aux prescriptions de forme de l'article 5. Les pénalités étant de droit étroit, celles de l'article 8 ne sauraient, sous prétexte d'analogie, être étendues d'un cas à un autre.

Pour une raison semblable, la dissolution de l'association ne pourrait dans l'espèce être prononcée par le tribunal. L'article 7, § 2, de la loi ne frappe d'une telle sanction (d'ailleurs facultative pour le juge) que les infractions aux dispositions de l'article 5 (2), sans faire même allusion à l'article 6. Prétendît-on invoquer par analogie l'article 1871 du Code civil et autoriser les tribunaux à dissoudre les associations, en certains cas graves, par application des principes du droit commun, il resterait encore vrai que cette dissolution : 1° ne pourrait pas être demandée alors par le ministère public (3) ; 2° serait facultative pour le juge et 3° ne saurait être fondée sur la passation irrégulière d'un acte, la nullité de cet acte constituant pour le particulier intéressé à sa disparition une satisfaction suffisante.

§ III. — *Fonctionnement de l'association. Statuts.*

En principe et sauf quelques exceptions que nous signalerons, liberté complète est laissée par la loi du 1er juillet 1901 aux associés quant à l'organisation et à la composition des rouages sociaux, aux rapports de l'association avec ses membres, à l'admission ou à l'exclusion de ceux-ci, à la gestion des biens possédés

(1) L'article 8, § 1er, ne mentionnant que les administrateurs, les simples associés ne sauraient tomber sous le coup de ses dispositions.

(2) L'article 7, § 1er, vise les infractions à l'article 3, ce qui n'est pas du tout le cas ici.

(3) L'attribution par l'article 7, § 2, de la loi de 1901, au ministère public du droit de demander la dissolution d'une association est tout exceptionnelle et ne saurait être appliquée en dehors du cas spécial visé au texte.

sédés par le groupe dans les limites précisées par la loi. Tous ces points seront réglés souverainement par les statuts qui constitueront le pacte social et formeront la loi applicable en cas de difficultés. Il importe donc d'apporter à la rédaction de ces statuts une sérieuse attention, de façon à les approprier en chaque hypothèse au but visé, pour que ce but soit atteint le plus complètement et dans les meilleures conditions possibles.

Les statuts n'ont nullement besoin d'être longs ; il faut seulement qu'ils prévoient et règlent d'une façon précise les points essentiels (1). On trouvera aux annexes deux modèles de statuts, l'un, très bref, l'autre, plus développé, mais susceptibles tous les deux de modifications suivant les circonstances. Nous ne donnerons donc ici que quelques indications générales.

A. — *Organes de l'association.* — L'association, comme rouages sociaux, aura, en général, un Conseil ou Comité directeur, pouvant comprendre des membres de droit à côté de membres élus. Au sein du Conseil sera prise et indiquée la personne chargée de représenter l'association en justice et dans les actes de la vie civile, puis l'Assemblée générale de tous les membres (2). C'est l'Assemblée générale qui nomme en principe le Comité directeur ; mais les statuts stipuleraient très valablement qu'une fois nommé, le dit Comité se renouvellera ensuite lui-même par voie de cooptation, sans intervention de l'Assemblée générale, sauf disparition pour une raison ou une autre de la totalité de ses membres. — Il y a avantage, dans l'un et l'autre cas, à ne pas exagérer le nombre des membres du Conseil et de ne pas trop rapprocher les époques de son renouvellement. Quand, en effet, un membre en est changé, il faut procéder à une déclaration supplémentaire à la préfecture conformément à l'article 5 de la loi ; cette formalité entraîne quelques frais, et son

(1) Le but notamment doit être bien indiqué. Il convient toutefois de ne pas l'établir trop étroit, ne fût-ce que pour éviter des difficultés ou tout au moins la nécessité de modifier des statuts si ultérieurement l'association voulait élargir son champ d'activité.

(2) Si les statuts prévoient (ce qui est préférable souvent) plusieurs catégories de membres, l'assemblée générale, l'assemblée générale ordinaire surtout, peut n'être composée que des membres appartenant à certaines catégories seulement, pourvu que les autres membres participent sous une forme quelconque à l'œuvre commune.

omission, nous l'avons vu, engage la responsabilité des administrateurs. (Loi 1901, art. 8, § 1.) — D'autre part, il convient de ne choisir comme membres du Comité de direction que des Français, afin de ne pas donner au Chef de l'État le droit de dissoudre l'association par décret, droit que lui reconnaîtrait autrement l'article 12 de la loi.

Les statuts répartissent librement entre l'Assemblée générale et le Comité directeur les pouvoirs de décision quant à la gestion du patrimoine de l'association. En certains cas au moins, il y a intérêt à donner au Comité des pouvoirs particulièrement étendus : on y place, en général, ceux des associés qui ont le plus d'aptitudes pour la direction de l'œuvre et le plus de temps libre (1) ; par là aussi se trouve mieux assuré le maintien de l'esprit primitif dans lequel a été conçue l'association.

B. — *Rapports de l'association avec ses membres.* — Sur ce point encore, nous l'avons dit, les statuts posent, librement en principe, des règles obligatoires pour tous, et l'entrée volontaire dans l'association emporte adhésion formelle aux statuts. C'est à eux qu'il appartient de préciser les droits et les obligations des associés ou de chacune des catégories d'associés, s'il y en a plusieurs, notamment le chiffre des cotisations et l'époque annuelle de leur exigibilité, le caractère illimité ou le terme final de l'association. Ces obligations seraient sanctionnées par des actions en indemnité de part et d'autre, si leur inobservation avait causé un préjudice.

En principe, le Conseil d'administration est responsable de sa gestion financière vis-à-vis de l'association, mais de l'association seule, chaque associé ne pouvant agir en son propre et privé nom (2), sauf disposition contraire des statuts. La dite responsabilité est celle qui incombe au mandataire général gratuit, elle est donc légère. Mais les statuts ne pourraient pas interdire aux associés le recours aux tribunaux sur ce point (3).

(1) A la rigueur, on pourrait y introduire des tiers étrangers à l'association. (PICHAT, n° 118.) Remarquons cependant que le Conseil d'État se prononce en sens contraire pour les associations reconnues d'utilité publique. (Note sect. int., 24 oct. 1906, Ligue du Nord contre la tuberculose.)

(2) *Sic* BERTIN et CHARPENTIER : *Op. cit.*, pp. 88, 89 ; — PICHAT : *Op. cit.*, n° 118.

(3) Trib. Seine, 15 janv. 1907, *Gaz. Trib.*, 20 juillet 1907.

Les statuts règlent encore le mode d'admission des nouveaux membres (on réserve, en général, l'agrément du Comité directeur), et les causes d'exclusion avec indication de l'autorité compétente et de la procédure à suivre pour prononcer cette déchéance (1). — On peut y prévoir le cas de démission d'un membre pour en régler les formes ; mais on ne saurait aller à l'encontre de l'article 4 de la loi, d'après lequel tout membre d'une association à durée illimitée est libre, à charge de payer les cotisations échues et celle de l'année courante, de « s'en retirer en tout temps, nonobstant toute clause contraire ». Cette règle, application du droit commun déjà admis en matière de société, est d'ordre public ; il est impossible d'y déroger. D'ailleurs, le membre démissionnaire ne conserve aucun droit à faire valoir sur quoi que ce soit de l'article social. — Dans les associations à durée limitée, au contraire, le droit de démissionner n'appartient aux membres que s'il leur est attribué par les statuts (2). En principe, ils ne peuvent se retirer *ad nutum* ou du moins restent, en ce cas, tenus de leurs obligations jusqu'au terme fixé pour la dissolution de l'association. (Chambre, séance du 5 fév. 1901, *Journal officiel*, Déb. parl., p. 304.)

En cas de décès d'un membre de l'association, cette qualité, étant essentiellement personnelle, ne passe pas par succession à ses héritiers ou ayants droit. Elle ne peut pas davantage être cédée.

Jamais la démission d'un associé n'entraîne *ipso facto* la dissolution de l'association. Celle-ci subsiste entre les autres associés.

(1) Les statuts pourraient-ils stipuler que tel organe social, le Comité directeur, par exemple, prononcera la radiation sans recours possible devant une juridiction quelconque ? Nous serions portés à répondre affirmativement, puisqu'il n'y a pas d'intérêt pécuniaire en jeu pour l'associé. — Mais la question a été résolue en sens contraire pour les sociétés de secours mutuels (Agen, 12 mars 1891, D. 91. 2. 373) et même pour les simples associations. (Cour Bordeaux, 25 mai 1908, *Bull. soc. d'Éd.*, 1908, p. 953 ; — Trib. paix, XIe arrond. de Paris, 26 janv. 1906, *Gaz. Trib.*, 28 mai 1906. *Sic* BERTIN et CHARPENTIER : *Op. cit.*, p. 95 ; — PICHAT : *Op. cit.*, n° 117.) — Du moins il importe de stipuler aux statuts que l'intéressé sera nécessairement entendu dans sa défense avant toute décision.

(2) On peut leur reconnaître seulement le droit de demander la dissolution de l'association, pour des motifs graves et conformément au droit commun, devant les tribunaux.

C. — *Gestion du patrimoine.* — Dans la mesure où elles peuvent légalement avoir des biens, les associations ont toute liberté pour leur gestion par l'intermédiaire de l'autorité indiquée aux statuts, sans aucun contrôle administratif sur leur comptabilité. Ayant qualité pour exiger des cotisations de leurs membres, elles ont le droit de placer leurs économies en titres nominatifs ou au porteur à leur choix et de les faire fructifier comme elles l'entendent (1). Elles pourront aussi, avec l'excédent annuel du produit des cotisations sur les dépenses courantes, payer par annuités un immeuble, nécessaire à l'accomplissement de leur but, qu'elles auront acheté avant d'avoir un capital suffisant pour en effectuer le paiement. — Quant aux immeubles régulièrement possédés par elles, il leur est loisible de les hypothéquer, de les échanger, de les aliéner même, comme d'en acquérir de nouveaux dans les étroites limites fixées par l'article 6 (2) : l'article 3 du Décret du 16 août l'admet, puisqu'il indique les formalités de publicité à remplir en cas d'acquisitions ou d'aliénations immobilières.

A fortiori, l'association a le droit de prendre en location les immeubles qu'elle pourrait acheter et, d'une façon générale, de faire tous actes de gestion et de conservation, de passer tous contrats et d'en réclamer l'exécution en justice en se conformant aux dispositions statutaires, ou, à défaut, au droit commun. Mais elle sortirait absolument de ses attributions en faisant des actes de spéculation ou de commerce ; elle ne saurait notamment avoir des immeubles dont elle tirerait parti en les louant en totalité ou même partiellement (3). Cependant, si, pour prix d'objets fournis ou de services rendus, elle exige une rémunération (4), la clause est certainement licite toutes les fois que cette rétribution n'augmente pas le patrimoine social et représente seulement les déboursés effectués par l'association (5) ; elle le serait

(1) Trouillot et Chapsal : *Op. cit.*, p. 95 ; — Grumbach : *Op. cit.*, n° 51, p. 41 ; — Pichat : *Op. cit.*, n° 72 ; — Bertin et Charpentier : *Op. cit.*, p. 88.

(2) Trouillot et Chapsal : *Op. cit.*, p. 98 ; — Grumbach : *Op. cit.*, n° 52, p. 42.

(3) Ce ne sont pas là, en effet, les immeubles *strictement* nécessaires dont parle l'article 6 de la loi.

(4) Une rétribution scolaire, par exemple, dans une école primaire, comme prix des fournitures faites aux élèves et contribution au traitement des maîtres.

(5) Chambre des députés, séance du 5 février 1901, rejet de l'amendement Baron. *Journal officiel* du 6 février, Déb. parl., pp. 316, 317 ; — Trouillot et

aussi, à notre sens, quoique le législateur de 1901 se soit montré peu favorable à de pareilles dispositions, si la rémunération produisait un bénéfice dont, seule, l'association profiterait, à l'exclusion des associés (1).

Il est douteux qu'une association ordinaire puisse organiser des caisses ou établissements autonomes subsidiaires, des caisses de retraites ou d'assurances par exemple, comme services dépendant d'elle. La loi est muette sur ce point (2) et, en général, son esprit répugne à la création de patrimoines collectifs juxtaposés à l'association. D'où, bien que ce soit une loi de liberté pour elles, on ne saurait affirmer bien nettement que les simples associations déclarées jouissent de cette faculté, même si leurs statuts la leur attribuent.

D. — *Responsabilité de l'association et des associés quant aux actes de gestion.* — L'association répond sur tout son patrimoine, tant mobilier qu'immobilier, des engagements pris par ses représentants. L'exécution des condamnations prononcées contre elle sera poursuivie sur le dit patrimoine, au besoin par voie de saisie-arrêt entre les mains de son trésorier ou de ses débiteurs.

En revanche, sauf le cas d'une faute personnelle ou d'un engagement spécialement contracté par lui, ou encore d'une clause formelle des statuts en sens contraire, *aucun membre de l'association n'est tenu, sur des biens propres, des dettes sociales.* L'association a une personnalité juridique tout à fait distincte de celle de ses membres ; c'est précisément pour cela que sa constitution est soumise à des formalités de publicité destinées à prévenir les tiers. De même, donc, que son patrimoine ne se confond nullement avec celui des associés, son passif lui demeure propre, et ses créanciers n'ont action que sur l'actif commun. C'est là un principe général, applicable, dans notre droit civil, à toutes les personnes morales, sauf exception formelle de la loi (3), tous les auteurs sont d'accord sur ce point; il ne saurait

CHAPSAL : *Op. cit.*, p. 96 ; — GRUMBACH : *Op. cit.*, n° 50, p. 40 ; — PICHAT, *Op. cit.*, n° 70.

(1) *Sic* BERTIN et CHARPENTIER : *Op. cit.*, p. 71.

(2) Voir, au contraire, pour les syndicats professionnels, la loi du 21 mars 1884, rticle 6, et, pour les Sociétés de secours mutuels, celle du 1er avril 1898, article 27.

(3) Pour les sociétés en commandite simple et les sociétés en nom collectif.

être écarté en notre matière, car, non seulement la loi de 1901 ne le nie pas, mais elle en implique l'existence (1). — Si, du reste, les associés estiment que, sur un point aussi important, deux sûretés valent mieux qu'une, ils n'ont qu'à insérer aux statuts (qui sont à la disposition des tiers pour être consultés par eux) un article restreignant au seul patrimoine social les effets des engagements pris au nom de l'association.

§ IV. — *Dissolution des associations déclarées.*

A. — *Causes.* — D'après les articles 9 et 12 de la loi du 1er juillet 1901, la dissolution peut être volontaire, statutaire ou forcée.

1° Sauf disposition contraire des statuts donnant pouvoir quant à ce à l'assemblée générale, ordinaire ou extraordinaire, la dissolution volontaire exige le consentement unanime de tous les associés ; nous le croyons du moins, surtout dans les associations à durée limitée (2). C'est l'application de l'article 1134 du Code civil, auquel aucun texte, analogue à l'article 1865 du même Code relativement aux sociétés, ne vient ici déroger. Nous rappelons seulement que, si l'association n'est pas formée pour un temps limité, tout membre peut s'en retirer personnellement quand il veut, nonobstant toute clause contraire (art. 4).

2° La dissolution résultera de l'application des statuts quand elle sera la conséquence de la réalisation de l'objet poursuivi, de l'accomplissement d'une condition prévue comme terme de l'association, ou de l'expiration de la période assignée à celle-ci comme durée. Dans ces divers cas, elle aura lieu de plein droit. Mais il y a encore dissolution statutaire quand il en est ainsi décidé, à défaut d'un consentement unanime, par une majorité d'associés précisée aux statuts.

3° La dissolution, enfin, est parfois forcée.

Dans un cas spécial, elle peut avoir lieu par mesure administrative, être ordonnée par décret rendu en conseil des ministres. Il en est ainsi dans l'hypothèse prévue à l'article 12 de la loi,

(1) Voir aussi, dans les travaux préparatoires, le rejet de l'amendement Renault-Molière et Peschaud. (Chambre, séance du 5 fév. 1901, *Journal off.*, p. 304.)

(2) *Contrà* Bertin et Charpentier : *Op. cit.*, p. 100.

c'est-à-dire à l'égard des associations qui présentent le double caractère suivant : 1° elles renferment un élément étranger (1) (administrateurs ou majeure partie de leurs membres étrangers, siège social à l'étranger) ; 2° elles se livrent à des agissements de nature à menacer la sûreté extérieure ou intérieure de l'État dans les conditions prévues aux articles 75 à 101 du Code pénal, ou à fausser les conditions normales du marché des valeurs ou des marchandises. Il faut qu'il y ait eu des actes positifs constituant des infractions à la loi pénale. Quand ces deux conditions sont réunies, mais alors seulement, le Chef de l'État peut dissoudre l'association par un décret rendu en conseil des ministres qui pourra être déféré au Conseil d'État pour excès de pouvoir, s'il a été rendu en violation des formes ou des conditions prescrites à l'article 12 (2). La légalité du décret pourrait être également contestée devant les tribunaux judiciaires chargés de réprimer l'infraction visée à l'article 12, § 2, le tout conformément aux principes généraux du droit (3). — Du reste, cette dissolution par la voie administrative ne mettrait nul obstacle à des poursuites à fins pénales contre les représentants d'une association qui se serait livrée à des manœuvres visées et punies par le Code pénal (4).

Mais l'article 12 constitue une disposition exceptionnelle. Rompant avec l'ancienne pratique, la loi de 1901, comme principe général, confie à l'autorité judiciaire exclusivement la mission de dissoudre les associations. L'article 7 prévoit deux hypothèses où les tribunaux pourront être saisis d'une demande en

(1) C'est la seule restriction à la liberté d'association qui soit propre aux étrangers. En dehors de là, il est loisible aux étrangers de former en France des associations entre eux ou d'entrer dans des associations françaises. — L'article 12 a été très vivement discuté en sens divers. La conclusion de ces controverses (Chambre des députés, séances des 26 et 28 février, 7 mars, 28 juin 1901 ; Sénat, 15 juin 1901. *Journal officiel*, Déb. parl., Chambre, 27 février, 1er et 8 mars, pp. 552, 556, 568, 573, 574, 634-639, 1652 ; Sénat, 16 juin, pp 877, 882, 883) a été que, d'une part, on proscrivait tout régime préventif et, d'autre part, que le Gouvernement ne devait pas rester désarmé.

(2) Déclaration Waldeck-Rousseau à la Chambre le 7 mars 1901. *Journal officiel*, 8 mars, Déb. parl., Chambre, p. 637.

(3) *Sic* BERTHÉLEMY : *Op. cit.*, p. 300 ; — PICHAT : *Op. cit.*, n° 149.

(4) Cette dissolution par décret, comportant des sanctions judiciaires efficaces, ne saurait être ramenée à exécution forcée par la voie administrative. (PICHAT : *Op. cit.*, n° 157.)

ce sens, soit par un particulier quelconque, soit par le ministère public, procédant, comme nous l'avons dit déjà, par voie d'assignation dans les conditions visées au Décret du 16 août 1901, article 28.

La première est celle où l'association, fondée sur une cause ou en vue d'un objet illicite, est déclarée nulle par l'article 3. La dissolution est alors obligatoire pour le juge, et, seul, le tribunal civil a qualité pour la prononcer (cela résulte des termes formels de l'art. 7, § 1), quand bien même, l'objet poursuivi constituant un fait délictueux, des poursuites pénales seraient intentées contre les membres de l'association ou certains d'entre eux (1).

S'agit-il d'infractions aux prescriptions de l'article 5, la dissolution est, nous l'avons déjà dit, facultative pour les juges. Elle sera encore prononcée par un tribunal judiciaire, mais pourra l'être, semble-t-il, dans le silence du texte, par le tribunal correctionnel.

Enfin, on peut admettre que la dissolution sera, au besoin, ordonnée en justice, en vertu des principes du droit commun, facultativement pour des causes graves, mais seulement à la requête d'un particulier intéressé et jamais à raison d'un fait délictueux commis par un des associés individuellement (2).

B. — *Dévolution des biens.* — Que la dissolution soit volontaire, statutaire ou forcée, « les biens de l'association, dit l'article 9 de la loi, seront dévolus conformément aux statuts, ou, à défaut de disposition statutaire, suivant les règles déterminées en assemblée générale ». Ce texte, il est vrai, ne prévoit pas *in terminis* la dissolution imposée par décret au cas spécial de l'article 12 ; mais l'extension de sa prescription s'impose (3), et c'est ce que fait l'article 14 du Décret du 16 août 1901 qui fixe la procédure à suivre pour effectuer cette dévolution dans le silence des statuts ou de l'assemblée générale qui a prononcé la dissolu-

(1) Trouillot et Chapsal : *Op. cit.*, p. 55 ; — Grumbach : *Op. cit.*, n° 76- p. 56 ; — Berthélemy : *Op. cit.*, p. 307.

(2) Voir Sénat, séance du 17 juin 1901, rejet d'un amendement de M. Bérenger. (*Journal officiel*, p. 907.)

(3) Trouillot et Chapsal : *Op. cit.*, p. 160 ; — Grumbach : *Op. cit.*, n° 79, p. 61 ; — Pichat : *Op cit.*, n° 150.

tion volontaire. Il sera alors nommé par le tribunal, à la requête du ministère public, un curateur ayant les pouvoirs ordinaires d'un curateur à succession vacante et chargé de provoquer, dans un délai fixé, la « réunion d'une assemblée générale (1) dont le mandat est uniquement de statuer sur la dévolution des biens ». Très généralement, d'ailleurs, les statuts auront précisé la destination de l'actif social en cas de dissolution, et, s'ils ont omis par hasard ce point important, l'assemblée générale prononçant la dissolution volontaire comblera la lacune.

Les statuts ou l'une ou l'autre des assemblées précitées ont-ils pleine et entière liberté quant à la dévolution de l'actif social ? Oui en principe et, de fait, la loi du 1er juillet 1901 ne limite d'aucune façon cette liberté. — Mais il en est autrement du décret du 16 août : son article 15 interdit, par argument tiré « des dispositions de l'article 1er de la loi », d' « attribuer aux associés, en dehors de la reprise des apports, une part quelconque des biens de l'association ». Pour certains auteurs (2), il y a là une application exacte des principes de la loi ; une telle attribution serait, disent-ils, contraire à l'essence même de la convention d'association qui ne saurait avoir un but lucratif. Cette opinion pourrait certes être contestée ; car, théoriquement au moins, l'attribution du patrimoine social aux associés, en certains cas de dissolution forcée, ne constitue nullement un but poursuivi par les membres du groupe ; c'est un accident de la liquidation et une solution subsidiaire acceptée comme pis-aller. Mais, appuyée et fortifiée par le texte du décret de 1901, article 15, l'opinion contraire à la nôtre a toutes chances de prévaloir devant les tribunaux.

Faute d'affectation du patrimoine social par les statuts ou par la dernière assemblée générale, on peut soutenir que ce patrimoine appartiendra à l'État comme biens vacants et sans maître (3). D'où la nécessité pour les associés, d'une part, d'assigner à l'association un but assez large pour éviter la dissolution obligatoire si certains champs d'activité lui étaient fermés après coup,

(1) La réunion de cette assemblée générale est obligatoire dans tous les cas, même s'il y a nullité de l'association à raison du caractère illicite de son objet.

(2) Trouillot et Chapsal : *Op. cit.*, p. 147 ; — Grumbach : *Op. cit.*, n° 79, pp. 62, 63.

(3) *Sic* Trouillot et Chapsal : *Op. cit.*, p. 148.

d'autre part, de prévoir la question de dévolution, soit lorsqu'ils rédigent les statuts, soit dans l'assemblée générale prononçant la dissolution de l'association.

C. — *Sanction pénale en cas de maintien ou de reconstitution d'une association dissoute par voie d'autorité.* — 1° Que l'association ait été dissoute par un jugement ou par un décret (au cas de l'art. 12) (1), l'article 8, § 2, de la loi punit « d'une amende de 16 à 5,000 francs et d'un emprisonnement de 6 jours à un an, les fondateurs, directeurs ou administrateurs de l'association qui se serait maintenue ou reconstituée illégalement », sauf, bien entendu, l'application de l'article 463 du Code pénal et la possibilité pour le juge d'accorder aux inculpés le bénéfice des circonstances atténuantes (Loi 1901, art. 19) (2).

Il s'agit, dans l'espèce, d'un véritable délit dont l'existence est subordonnée à une double condition que devra établir le ministère public : le maintien ou la reconstitution de l'association dissoute ; l'intention coupable chez les prévenus. Sont seuls poursuivables les « directeurs, administrateurs ou fondateurs », qui représentent l'association, à l'exclusion des simples membres. Encore les fondateurs ne sont-ils punissables que s'ils remplissent des fonctions touchant à la direction (3). — Aucune peine spéciale n'est prévue pour le cas de récidive.

2° Au cas où il y a eu dissolution par jugement, le § 3 de l'article 8 applique la même peine (4) que le § 2 à tous ceux « qui auront favorisé la réunion des membres de l'association dissoute *en consentant l'usage d'un local dont ils disposent* ». C'est là un cas de complicité à part qui, outre le fait matériel de la concession du local, exige, chez le propriétaire ou le détenteur de ce local, le dessein de favoriser la réunion illicite. Les principes généraux du droit commun commandent cette solution, et c'est uniquement à raison de leur inutilité que le législateur s'est refusé à introduire dans notre paragraphe les mots *sciemment* et

(1) Voir loi 1er juillet 1901, article 12, § 2.

(2) La peine pourra donc être abaissée à un jour de prison et à un franc d'amende; les juges pourront prononcer séparément l'amende ou l'emprisonnement.

(3) *Sic* Trouillot et Chapsal : *Op. cit.*, p. 166. Peut-être le sont-ils aussi si, dès le premier jour, le but poursuivi était illicite.

(4) Réserve faite toujours des circonstances atténuantes.

volontairement (1). Mais, pour que le fait incriminé existe, il n'est pas nécessaire qu'il y ait eu une succession de réunions ; la Chambre et le Sénat n'ont pas entendu faire de cette infraction un délit d'habitude (2).

Doit-on, dans le silence des articles 8 et 12 de la loi, punir de même ceux qui auront favorisé la réunion des membres d'une association dissoute *par décret ?* Certainement non, puisque les pénalités sont de droit étroit et ne peuvent être appliquées qu'en vertu d'un texte précis. (Conseil d'État, 19 fév. 1904, dame BERNIER, *Leb.*, p. 130.) Vainement on s'appuierait, en sens contraire, sur le texte des articles 59 et 60, § 2, du Code pénal : celui qui met sciemment, dit-on, son local à la disposition des membres d'un groupement dissous eût dû, d'après le droit commun dont l'article 8, § 3, de la loi de 1901 fait application, être puni comme complice ; il encourt donc les pénalités qui frappent l'auteur du délit lui-même (3). La complicité, en pareil cas, ne pourrait être établie que suivant les règles générales posées par le Code pénal.

SECTION IV

ASSOCIATIONS RECONNUES D'UTILITÉ PUBLIQUE (4)

§ I. — *Constitution.*

La reconnaissance d'utilité publique est conférée par décret rendu en assemblée générale du Conseil d'État. (Loi 1901,

(1) Chambre des députés, amendements Goujon et Alicot, séance du 7 février 1901, et Sénat, amendement Grivart, séance du 18 juin. (*Journal officiel*, Déb. parl., Chambre, 8 février, pp. 333, 336, 338, 341 ; Sénat, 19 juin, pp. 910, 919.)

(2) Rejet des amendements Goujon à la Chambre le 7 février 1901 (*Journal officiel* du 8, Déb. parl., p. 338), et de Carné au Sénat le 18 juin (*Journal officiel* du 19 juin, Déb. parl., p. 920).

(3) GRUMBACH : *Op. cit.*, n° 78, p. 60.

(4) Nous serons très brefs sur cette dernière catégorie d'association, tant à raison du développement des textes qui laissent place à peu de difficultés juridiques que parce que la reconnaissance d'utilité publique est une faveur arbitraire du Gouvernement et qu'on n'est jamais certain de l'obtenir. Cette faveur est d'ailleurs en fait peu avantageuse, car, la loi de 1901 augmentant plutôt que diminuant les rigueurs antérieures, elle constitue pour l'association qui en bénéficie un véritable collier de servitude.

art. 10.) Elle présuppose l'accomplissement préalable, par l'association qui la sollicite, de toutes « les formalités imposées aux associations déclarées ». (Décret 1901, art. 8.) (1) Il y a donc un stage essentiel et obligatoire à accomplir, d'une durée d'ailleurs variable, à l'état de simple association déclarée.

La demande en reconnaissance d'utilité publique émane des membres à ce spécialement délégués par l'Assemblée générale et est signée par eux. (Décret 1901, art. 9.) Les pièces suivantes y sont jointes, certifiées sincères et véritables par les dits signataires : « 1° Un exemplaire du *Journal officiel* contenant l'extrait de la déclaration ; 2° un exposé indiquant l'origine, le développement, le but d'intérêt public de l'œuvre ; 3° les statuts (2) de l'association en *quinze* (3) exemplaires ; 4° la liste de ses établissements, avec indication de leur siège ; 5° la liste des membres de l'association (4), avec l'indication de leur âge, de leur nationalite, de leur profession et de leur domicile; 6° le compte rendu financier du dernier exercice ; 7° un état de l'actif mobilier et immobilier et du passif ; 8° un extrait de la délibération de l'assemblée générale autorisant la demande. » (Décret 1901, art. 10.)

La demande est toujours adressée au ministre de l'Intérieur, et non plus, comme avant 1901, à l'un quelconque des ministres, suivant l'objet spécial de l'association, cela afin d'assurer une certaine unité de vues en la matière. Il en est donné un récépissé

(1) Faute de quoi, la demande en reconnaissance est irrecevable. (Conseil d'État, note sect. int., 17 fév. 1904, Société des architectes des Bouches-du-Rhône.)

(2) Un modèle de statuts pour les associations sollicitant la reconnaissance d'utilité publique a été établi par les soins de l'administration et est reproduit dans l'ouvrage de M. Grumbach, ann. V, p. 126. Les prescriptions de ce modèle n'ont rien d'absolument obligatoire. Il faut faire exception, toutefois, pour celles que précise l'article 11 du décret du 16 août 1901, parmi lesquelles nous citerons : « 4° l'engagement de présenter sans déplacement les registres et pièces de comptabilité, sur toute réquisition du préfet, à lui-même ou à son délégué ;... 6° le prix maximum des rétributions qui seront perçues à un titre quelconque dans les établissements de l'association où la gratuité n'est pas complète ». (Voir une jurisprudence abondante sur les clauses exigées aux statuts par le Conseil d'État, dans Pichat : *Op. cit.*, n° 91.)

(3) Le texte de l'article 10 exige deux exemplaires seulement, mais le Conseil d'État en demande quinze.

(4) Tous les membres de l'association doivent être désignés. Le décret se montre donc bien plus exigeant que pour les simples associations déclarées.

daté et signé, avec indication des pièces jointes. (Décret 1901, art. 12.)

Le ministre de l'Intérieur a pleins pouvoirs pour écarter *de plano* la requête ou pour la faire instruire en appréciant souverainement l'opportunité des enquêtes à prescrire et des avis à demander, notamment au préfet du département et au Conseil municipal de la commune où l'association est établie. Mais l'instruction comporte nécessairement une consultation des ministres intéressés. Le dossier est ensuite transmis au Conseil d'État, qui délibère sur le décret à émettre par le Chef de l'État, non plus comme autrefois en section, mais en assemblée générale. (Décret 1901, art. 10, 12.) Le Conseil se montre moins favorable qu'avant 1901 à la reconnaissance, du moment que la simple déclaration fait acquérir à l'association la personnalité civile restreinte. Il ne se prononce pour la reconnaissance que s'il croit à la nécessité de libéralités pour l'existence utile du groupement (1). Théoriquement, son avis ne lie pas le Chef de l'État, qui apprécie souverainement s'il y a lieu de faire droit à la demande.

Copie du décret de reconnaissance « est transmise au préfet ou au sous-préfet, pour être jointe au dossier de la déclaration; ampliation du décret est adressée par ses soins à l'association ». (Décret 1901, art. 13.) Ainsi, les tiers intéressés, libres de consulter le dossier, pourront connaître la date exacte de l'acquisition par l'association de la capacité juridique étendue.

Toute modification aux statuts doit être approuvée par décret rendu en assemblée générale du Conseil d'État, après accomplissement des mêmes formalités que pour la première reconnaissance. (Statuts modèles, art. 16, 19.) Les tiers sont avisés de ces changements conformément aux articles 13 et 30 du décret du 16 août 1901, comme dans les associations simplement déclarées.

§ II. — *Capacité juridique des associations reconnues.*

A. — *Principe.* — Les associations reconnues d'utilité publique jouissent de ce qu'on nomme la grande personnalité. Pour elles,

(1) PICHAT, n° 91.

la capacité est la règle : elles « peuvent faire tous les actes de la vie civile qui ne sont pas interdits par leurs statuts » (Loi 1901, art. 11), sans avoir à demander pour cela aucune autorisation en principe. Le taux de rachat des cotisations n'est pas limité comme dans les associations déclarées. Toutefois, il est trois restrictions à leur liberté d'action qui, résultant du texte même de la loi (art. 11), ne peuvent être levées par les statuts (1).

B. — *Restrictions.* — 1° Quant au patrimoine immobilier, ces associations sont assimilées aux associations déclarées, quoique la formule légale soit un peu différente. « Elles ne peuvent posséder ou acquérir d'autres immeubles que ceux nécessaires au but qu'elles se proposent. » (Loi 1901, art. 11.)

2° Libres d'employer à leur gré leurs capitaux mobiliers, sans qu'il soit désormais possible de les forcer à les placer en rentes sur l'État ou en valeurs garanties par l'État (2), elles ne peuvent avoir des actions ou des obligations au porteur. « Toutes les valeurs mobilières d'une association doivent être placées en titres nominatifs. » (Loi 1901, art. 11.)

3° Au contraire des associations simplement déclarées, les associations reconnues d'utilité publique ont qualité pour recevoir des dons et legs. Mais, en dehors même du principe jurisprudentiel de la spécialité dont il leur est fait application pour ne permettre à leur profit que les libéralités faites en vue de leur mission particulière (3), leur capacité d'acquérir à titre gratuit subit une double limitation dans le texte même de l'article 11 :

a) Comme ces associations ne peuvent posséder aucun immeuble qui ne leur soit nécessaire pour remplir leur but, tous les immeubles qui, à elle donnés, ne rentreraient pas dans cette catégorie, devront être aliénés, pour le prix en être « versé dans la caisse de l'association ». Nonobstant d'ailleurs le texte de l'Ordonnance du 2 avril 1817, article 4, nous estimons que le Chef de l'État excéderait ses pouvoirs s'il prescrivait en quelles valeurs s'effectuera le placement de cette somme. Afin d'éviter les

(1) Les statuts modèles, articles 16, 19-22, réservent en outre un droit de contrôle général au Gouvernement. C'est une condition indispensable pratiquement pour que l'autorisation soit accordée.

(2) Cependant, les statuts modèles, arrêtés par le Conseil d'État, exigent ce mode de placement pour les valeurs constituant le fonds de réserve. (Art. 14.)

(3) Conseil d'État, sect. intér., 22 juin 1904, legs Hirsch ; 21 février 1905, legs Castelli. Voir Pichat, n° 100.

mécomptes que pourrait causer à l'association bénéficiaire une vente trop hâtive, le décret fixe le délai en même temps que la forme dans lesquels l'aliénation sera effectuée.

b) Les dites associations, d'autre part, ne peuvent accepter une donation, même mobilière, faite « avec réserve d'usufruit au profit du donateur ». (Loi 1901, art. 11.) Pareille prohibition, établie dans l'intérêt des familles, n'existait jusqu'alors dans les textes légaux ou réglementaires qu'au regard des établissements ecclésiastiques ou religieux. Par suite de l'extension apportée à la règle par la loi de 1901, seules sont permises au profit de nos associations les libéralités en pleine propriété ou en usufruit.

D'ailleurs, même dans la mesure où elles sont capables de recevoir à titre gratuit, les associations reconnues ne bénéficient des libéralités à elles faites qu'à charge d'obtenir une autorisation administrative, après enquête (1). Cette autorisation (2) (qui ne peut être donnée d'office ou imposée à une association refusant un don, qui ne peut l'être pour partie, même s'il s'agit d'un legs, quand le testateur a formellement exprimé sa volonté contraire) émane du préfet du département où est situé le siège social en principe, et du Chef de l'État, par décret rendu en Conseil d'État, quand il s'agit d'une libéralité immobilière d'une valeur excédant 3,000 francs ou quand il y a réclamation des familles. (Lois des 4 février 1901, art. 5 et 7, et 1er juillet 1901, art. 5.) Mais le don ou le legs pourra être, en attendant l'autorisation, l'objet d'une acceptation provisoire valable, effectuée par les représentants de l'association à titre conservatoire. (Loi 4 février 1901, art. 8.) La décision ultérieure portant autorisation aura effet du jour de cette acceptation provisoire.

Les autorisations d'acceptation de libéralités sont consignées, par ordre de date, sur un registre *ad hoc* tenu à la préfecture d'où dépend le lieu du siège social. Le préfet y veille. (Décret 16 août 1901, art. 27.)

(1) L'autorité de qui émane l'autorisation est fixée par la loi du 4 février 1901, articles 5 et 7. Pour la procédure à suivre s'il s'agit de legs, voir les décrets des 1er février 1896 et 24 décembre 1901. Sauf clause contraire des statuts, l'association n'a pas besoin d'autorisation pour refuser une libéralité.

(2) MM. TROUILLOT et CHAPSAL : *Op. cit.*, p. 319, admettent très justement qu'un même décret, intervenant au profit d'une association simplement déclarée qui aurait reçu une libéralité, pourrait, à la fois, lui accorder la reconnaissance d'utilité publique et l'autorisation d'accepter la libéralité.

C. — *Sanction.* — La seule sanction des dispositions limitant la capacité juridique des associations reconnues est, comme pour les associations déclarées, la nullité des actes faits en fraude de la loi dans les termes de l'article 17 de la loi du 1er juillet. Nous renvoyons, à ce point de vue, aux explications déjà données pour les groupements de la deuxième catégorie.

§ III. — *Dissolution des associations reconnues. Retrait de l'autorisation.*

Si la loi est muette quant à la possibilité d'un retrait de la reconnaissance d'utilité publique, il est cependant certain que l'autorité publique peut prendre cette mesure. Des travaux préparatoires à la Chambre des députés (1), comme des principes généraux du droit, il résulte que ce retrait devra être opéré par la même autorité et suivant les mêmes formes que la concession de la reconnaissance.

Le retrait, du reste, n'entraînera pas, à lui seul, la dissolution de l'association. Celle-ci subsistera, comme personne morale, dans les conditions où elle se trouvait avant la reconnaissance, c'est-à-dire en qualité d'association déclarée (2).

Toutes les règles précédemment exposées quant à la dissolution d'une association déclarée et à la dévolution de ses biens en pareil cas, s'appliquent aux associations reconnues d'utilité publique. Nous y renvoyons purement et simplement. Signalons toutefois l'article 11 du décret du 16 août 1901 prescrivant de prévoir aux statuts le cas de dissolution pour régler alors la dévolution des biens. (Voir Statuts modèles, art. 17, 19.)

SECTION V

UNIONS D'ASSOCIATIONS

La loi du 1er juillet 1901 ne consacre pas expressément le droit pour les associations de se fédérer en vue d'une action commune.

(1) Séance du 26 février 1901, observations de M. Bienvenu-Martin. *Journal officiel* du 27 février, Déb. parl., Chambre, p. 552, col. a.

(2) *Sic* Trouillot et Chapsal : *Op. cit.*, p. 110 ; — Pichat : *Op. cit.*, n° 106.

Mais les explications données au cours des travaux préparatoires, tant à la Chambre qu'au Sénat (1), prouvent que la légalité des unions d'associations n'était pas douteuse aux yeux du législateur. L'article 7 du décret du 16 août soumet donc les unions d'associations ayant une direction centrale aux mêmes règles que les associations elles-mêmes (2).

§ I. — *Constitution.*

Les unions, constituant en réalité des associations de personnes morales, des associations d'associations, se forment dans les mêmes conditions que les associations elles-mêmes et sous l'un des trois types admis pour celles-ci. Spécialement, elles résultent d'un simple accord de volontés, si elles ne cherchent pas à avoir de capacité juridique.

Quand, voulant obtenir la petite personnalité civile, elles adoptent le procédé de la déclaration, en outre de toutes les formalités et déclarations exigées en ce cas des simples associations par l'article 5 de la loi et les articles 1 à 6 du décret, elles doivent déclarer « le titre, l'objet et le siège des associations qui les composent. Elles font connaître, dans les trois mois, les nouvelles associations adhérentes. » (Décret 1901, art. 7.)

Une union sollicite-t-elle la reconnaissance d'utilité publique, l'article 10 du décret lui prescrit de remplacer la liste des membres exigée des associations par « la liste des associations qui la composent, avec l'indication de leur titre, de leur objet et de leur siège ». Pour les autres pièces à produire, ce sont les mêmes dans les deux hypothèses.

Il n'est nullement indispensable, quoiqu'en fait ce doive être la règle très générale, que les associations composant l'union poursuivent, toutes, un but identique. Sans doute, la loi ne règle pas ce point. Mais notre solution est adoptée par la loi du 21 mars 1884 quant aux unions de syndicats professionnels, bien que les syndicats eux-mêmes ne puissent se former qu'entre personnes exerçant la même profession ou des professions con-

(1) Chambre, séance du 7 février 1901. *Journal officiel*, Déb. parl., p. 327. — Sénat, séance du 17 juin. *Journal officiel*, Déb. parl., pp. 901, 902.

(2) L'article 10 du même décret suppose également la légalité des unions.

nexes ; elle s'impose donc à l'égard des associations, qui ne comportent pas semblable restriction.

D'autre part, nous ne voyons nul obstacle à ce qu'une même union comprenne des associations appartenant à des catégories différentes, et n'ayant pas toutes la même capacité juridique (1). Toutefois, nous apporterions à cette règle une exception fondée sur la définition par nous donnée des unions d'associations : nous y voyons des associations de personnes morales ; une association non déclarée n'a pas cette personnalité et ne peut, dès lors, adhérer à l'union comme association. C'est ce qu'a décidé, dans sa séance du 2 avril 1903, le Conseil d'État : il a autorisé une fédération reconnue d'utilité publique (2) à admettre parmi les groupes adhérents, non pas des associations non déclarées, parce que, dit-il, elles n'ont aucune personnalité civile (3), mais des associations simplement déclarées. Le Conseil d'État n'a pas admis non plus la possibilité de comprendre dans une union des individus en même temps que des associations personnifiées (4).

Reste alors une dernière question. Une union d'associations pourrait-elle comprendre parmi ses membres, à côté d'associations établies selon les règles de la loi du 1er juillet 1901, un syndicat professionnel organisé conformément à la loi du 21 mars 1884 ? Nous répondons affirmativement. La raison de douter vient de ce que, d'après ce dernier texte, les unions de syndicats, d'ailleurs licites, sont dénuées de toute capacité juridique. Mais l'argument ne serait vraiment probant que s'il s'agissait de masquer sous le nom d'union d'associations une union de syndicats professionnels exclusivement. Il ne saurait prévaloir contre ce fait que, pour association privilégiée qu'il soit, le syndicat est avant tout une association personne morale et qu'il rentre dès lors dans les conditions requises pour faire partie d'une union reconnue très légalement et réunissant par ailleurs des associations déclarées dans les termes de la loi du 1er juil-

(1) *Sic* Grumbach : *Op. cit.*, p. 52, n° 69 ; — Hauriou : *Op. cit.*, p. 270. — *Contra* Trouillot et Chapsal : *Op. cit.*, p. 132.

(2) L'union des sociétés de gymnastique de France. *Sic* Conseil d'État, note sect. int., 9 mai 1905, Ligue française de l'Enseignement.

(3) *Sic* Trouillot, à la Chambre, le 7 février 1901. *Journal officiel*, p. 327. — *Contra* Pichat : *Op. cit.*, n° 140.

(4) Notes Sect. int., 2 avril 1903 (Union des Sociétés de gymnastique de France), 5 novembre 1904 (Œuvre des Orphelins des industries du livre).

let 1901. Au reste, la solution contraire serait inutilement sévère pour l'application de textes qui doivent être entendus, comme ils ont été votés, dans un sens libéral : il suffirait en effet au syndicat professionnel de se constituer sous forme d'association déclarée de la loi de 1901 (1) pour avoir le droit de faire partie de l'union.

§ II. — *Capacité juridique.*

La capacité juridique des unions est identiquement celle reconnue par la loi aux associations, suivant la catégorie à laquelle elles appartiennent. Il faut donc, sur ce point, s'en référer aux articles 2, 6, 11 de la loi, suivant que l'union est non déclarée, déclarée ou reconnue d'utilité publique, et au commentaire déjà donné de ces textes.

§ III. — *Dissolution.*

Il n'y a pas davantage de différences, par rapport aux associations, quant aux règles à suivre pour la dissolution des unions, qu'elle soit volontaire, statutaire ou forcée, et pour la dévolution du patrimoine commun. On doit encore ici se reporter à son développement antérieur.

Nous ne croyons même pas (2) qu'il faille, contrairement au principe admis par l'article 4 de la loi de 1901 pour les membres d'une association, refuser aux associations affiliées à une union dont la durée est illimitée, le droit de s'en retirer en tout temps, alors surtout que les statuts de l'union sont muets sur ce point L'association devra seulement remplir toutes ses obligations envers l'union, avant de s'en séparer.

(1) La chose est possible, nous l'avons vu *supra*, p. 30, note 2.

(2) *Sic* Pichat : *Op. cit.*, n° 142. — *Contra* Trouillot et Chapsal : *Op. cit.*, p. 138.

CHAPITRE III

LÉGISLATION FISCALE

Des lois fiscales successives ont soumis les Sociétés à certains impôts et ont assujetti leurs fondateurs et leurs administrateurs à l'accomplissement de certaines formalités. Toute inobservation de la loi sur ce point rendant la Société passible d'amendes et cette responsabilité devant rejaillir sur les administrateurs, il nous paraît utile de résumer ici ses principales prescriptions.

SECTION I

SOCIÉTÉS

§ I. — Acte constitutif de la Société.

A. — Rédaction de l'acte. — L'acte constitutif de la Société peut être rédigé sous seing privé ou en la forme authentique, mais toujours sur papier timbré.

S'il est rédigé sous seing privé et s'il ne contient que des apports purs et simples, aucun délai n'est assigné pour sa présentation à l'enregistrement; mais s'il renferme une transmission de propriété ou d'usufruit de biens immeubles ou une stipulation de bail, il doit être enregistré dans les trois mois de sa date. (Loi du 22 frimaire an VII, art. 22.)

Est considéré comme opérant transmission de propriété, l'acte de Société dans lequel un associé reçoit en échange de son apport une valeur soustraite aux risques sociaux ; ou dans lequel la Société prend à sa charge une dette personnelle de l'un des associés, ou se substitue aux apporteurs pour acquitter une dette hypothécaire grevant l'immeuble apporté.

Si l'acte constitutif de la Société est authentique, il sera présenté à l'enregistrement par le notaire dans les délais qui lui sont impartis.

Lorsque la Société est constituée dans la forme commerciale, l'acte constitutif devra être enregistré avant son dépôt aux greffes de la justice de paix et du tribunal de commerce. (Loi du 24 juillet 1867, art. 55.) (1)

B. — Enregistrement. — L'enregistrement de l'acte constitutif de la Société donne lieu à la perception d'un droit proportionnel de 0 fr. 20 pour 100, plus deux décimes et demi, calculé sur le montant des apports, déduction faite du passif. (Loi du 28 février 1872, art. 1, n° 17. — Loi du 28 avril 1893, art. 19.)

En outre, l'acte est soumis aux droits proportionnels ordinaires sur celles de ses dispositions qui contiennent obligation, libération ou transmission de propriété de biens meubles ou immeubles entre les associés ou autres personnes. (Loi du 22 frimaire an VII, art. 4.) (2)

C. — Transcription. — L'apport d'immeubles fait à une société et rémunéré par l'attribution de droits sociaux, bien que n'étant pas considéré comme une transmission de propriété au regard de la loi fiscale (Cassation, 23 mars 1846), ne devient opposable aux tiers qui ont des droits sur l'immeuble, et qui les ont conservés en se conformant aux lois, que par la *transcription hypothécaire.* (Loi du 23 mars 1855, art. 3.)

Il y aura souvent intérêt pour la Société à ne pas négliger cette formalité, qui n'est pas obligatoire. A cet égard, les personnes fondant une Société devront prendre l'avis de leurs conseils.

Les droits de ce chef qui seront perçus lors de la présentation de l'acte au bureau des hypothèques sont de :

1° 1 fr. 50 pour 100 plus deux décimes et demi, pour droit de transcription calculé sur la valeur vénale des immeubles apportés (Loi du 21 ventôse an VII, art. 25 ; — Cassation, 27 juillet 1863 ; — Cassation, 6 décembre 1864) ;

(1) Voir chap. 1er, sect. III, § 3, A-4°.

(2) Rappelons que par l'article 2 de la loi de finances du 23 avril 1905, le droit d'enregistrement des ventes d'immeubles a été porté à 7 pour 100 sans addition d'aucun décime, droit de transcription compris, et que par l'article 6 de la même loi, les minutes, originaux et expéditions des actes de vente d'immeubles sont affranchis de tout droit de timbre, à condition de ne pas contenir de dispositions indépendantes (art. 7). Les actes de société contenant une mutation immobilière ne bénéficieraient donc pas de cette exemption.

2° o fr. 25 pour 100 sans décimes, pour taxe hypothécaire calculée sur les mêmes bases (Loi du 27 juillet 1900, art. 2 1°, et 3);

3° Un droit de o fr. 50 par rôle d'écriture de conservateur pour salaire de la formalité (Décret du 9 juin 1866).

Aucun droit de timbre n'est plus dû pour l'accomplissement des formalités hypothécaires depuis la loi du 27 juillet 1900, art. 1.

§ II. — Actions et obligations. — Part d'intérêts et emprunts.

A. — *Droits de timbre.*

Actions. — Les titres des *actions*, si la Société croit utile d'en créer (et il lui est permis de ne pas le faire), doivent être timbrés.

Le droit de timbre est de o fr. 50 pour 100 du capital nominal lorsque la durée de la Société n'excède pas 10 ans, et de 1 franc pour 100 en cas de durée plus longue (Loi du 5 juin 1850, art. 14), plus deux décimes (Loi du 23 août 1871, art. 2).

Si la Société le préfère, le paiement d'une taxe annuelle dite *timbre par abonnement* calculée à raison de o fr. 05 par 100 francs et par an, plus deux décimes, peut être substitué à la perception du droit de timbre. (Loi du 5 juin 1850, art. 22; — Loi du 30 mars 1872, art. 3.) Cet abonnement est calculé, comme le droit de timbre, sur le capital nominal. (Loi du 5 juin 1850, art. 14 et 22.) La plupart des Sociétés profitent de cette faculté, d'autant plus qu'elles peuvent, en l'absence de bénéfice pendant deux années consécutives, obtenir la remise du droit pour les années suivantes. (Même loi, art. 24, § 2.)

Ce droit de timbre est dû toutes les fois qu'il y a création matérielle d'un titre *négociable*, c'est-à-dire dont la cession est parfaite, à l'égard des tiers, indépendamment de l'accomplissement des conditions déterminées par l'art. 1690 du Code civil. (Signification du transport au débiteur ou son acceptation par acte authentique.) — Loi du 5 juin 1850, art. 25 (1).

(1) Voir chap. 1er, sect. II, § 3, B.

Obligations. — Les *obligations* négociables des Sociétés sont assujetties à un droit de timbre de 1 franc par 100 francs du montant du titre, c'est-à-dire de la somme à rembourser en capital (Loi du 5 juin 1850, art. 27), plus deux décimes (Loi du 23 août 1871, art. 2).

Ce droit peut être remplacé par une taxe annuelle d'abonnement de 0 fr. 05 pour 100, plus deux décimes. (Loi du 30 mars 1872, art. 3 et 31.)

A la différence de la taxe d'abonnement sur les actions, l'improductivité de la Société ne la dispense pas du paiement de la taxe sur ses obligations.

La loi du 5 juin 1850 (art. 14 et 27) porte que les droits de timbre sont *avancés* par les Sociétés; mais, à moins de convention contraire, ce droit reste à la charge de la Société. (C. civ., art. 1248. Loi du 22 frimaire an VII, art. 31.)

Parts d'intérêts et emprunts. — A la différence des actions et des obligations, les parts d'intérêt et les emprunts des sociétés qui ne sont pas représentés par des titres négociables (voir chapitre premier, section III, § 2) ne supportent pas le droit de timbre créé par la loi du 5 juin 1850. Ils sont régis en ce qui concerne le droit de timbre par les dispositions générales de la loi du 13 brumaire an VII (art. 12), qui assujettit au droit de timbre *de dimension* tous les actes ou écrits susceptibles de faire titre.

B. — *Droit de transfert ou de transmission.*

Titres nominatifs. — Les cessions d'actions et d'obligations *nominatives* à titre onéreux donnent lieu, lors de chaque transmission, à la perception d'un droit de 0 fr. 75 pour 100 sans décimes, calculé sur la valeur négociée, c'est-à-dire sur le prix réel du titre, pourvu que les statuts de la Société exigent expressément comme condition essentielle de la validité de la cession que le *transfert* soit inscrit sur un registre spécial tenu au siège social (1). (Lois des 23 juin 1857, art. 6, § 1; — 29 juin 1872, art. 3; Loi de finances du 27 décembre 1908, art. 5.)

(1) Ce registre, ou les feuilles volantes qui en tiennent lieu dans certaines sociétés, sont sujets au timbre de dimension. (Solution de l'Administration de l'Enregistrement, 27 avril 1881.)

Ce droit de transfert doit être perçu par les Sociétés, au moment du transfert, pour le compte du Trésor et versé à la fin de chaque trimestre au bureau d'enregistrement du siège social. (Loi du 23 juin 1857, art. 7, § 1.)

La conversion des actions et obligations au porteur en actions et obligations nominatives est exempte de ce droit. (Loi du 27 décembre 1908, art. 5.)

Titres au porteur. — Les titres *au porteur,* et ceux dont la transmission peut s'opérer sans un transfert sur les registres de la société, ne donnent lieu, au moment de la cession, à aucune perception spéciale. L'acte qui constate cette cession, s'il existe et s'il est présenté à l'enregistrement (ce qui n'est pas obligatoire), est tarifé au droit fixe de 3 fr. 75 ; mais la Société qui crée des titres de cette nature doit acquitter annuellement sur chaque titre, sauf son recours contre les porteurs, un droit de 0 fr. 25 pour 100 sans décimes. (Lois des 23 juin 1857, art. 6, § 2 ; — 30 mars 1872, art. 1er, § 2 ; — 29 juin 1872, art. 3 ; Loi de finances du 27 décembre 1908, art. 6.)

Cette taxe annuelle est calculée pour les valeurs cotées sur le cours moyen de l'année précédente et pour les valeurs non cotées, d'après une déclaration estimative faite par la Société (Loi du 22 frimaire an VII, art. 16), et contre laquelle tous les moyens de preuve sont admis (Cassation, 20 novembre 1889). Elle est versée par la Société au bureau de l'enregistrement à la fin de chaque trimestre. (Loi du 23 juin 1857, art. 7, § 2.)

Les transmissions d'actions et l'émission d'obligations étant relativement rares dans les Sociétés de la nature de celles qui nous occupent, la forme nominative avec transferts sur le registre de la Société sera souvent moins onéreuse que la forme au porteur.

Parts d'intérêt et emprunts. — Les parts d'intérêt et les emprunts des Sociétés non représentés par des titres négociables (voir § 2, p. 76) n'ont pas à subir le droit de transmission créé par la loi du 23 juin 1857. Ils sont régis, en ce qui concerne les mutations, par la loi du 22 frimaire an VII. Ainsi, notamment, les cessions à titre onéreux de parts d'intérêt et de droits sociaux dans les Sociétés dont le capital n'est pas représenté par des titres négociables, mais qui néanmoins donnent naissance à un être moral, sont passibles, lors de la présentation de l'acte à l'enregistrement, d'un droit de 0 fr. 50 pour 100 *augmenté de deux décimes et demi.* (Loi du 22 frimaire an VII, art. 69, § 2, n° 6; — Cass. Chambres réunies, 29 décembre 1868). (1)

C. — *Impôt sur le revenu.*

Produits soumis à l'impôt. — Les intérêts, dividendes, bénéfices et tous autres produits des actions, obligations, parts d'intérêt et emprunts des Sociétés de toute nature et des collectivités ayant une personnalité civile distincte de celle des associés (Cassation, 6 août 1878), sont frappés d'un impôt qui, fixé à 3 pour 100 sans décimes par la loi du 29 juin 1872, article 1er, a été porté à 4 pour 100 sans décimes, par la loi du 26 décembre 1890, article 4.

Sont seuls exemptés de cet impôt, le revenu des parts d'intérêt et des emprunts dans les Sociétés en nom collectif, des parts d'intérêt, actions, emprunts et obligations dans les Sociétés de coopération entre ouvriers, et de la part des gérants dans les Sociétés en commandite simple. (Loi du 1er décembre 1875, art. 1; — Loi de finances du 30 décembre 1903, art. 21; — Loi du 28 avril 1893, art. 36.)

Cet impôt atteint tous les revenus ou bénéfices *au moment de leur distribution.* (Cassation, 28 octobre 1890.)

Les bénéfices pour les actions et parts d'intérêt sont représentés par les valeurs sociales excédant le capital apporté. (Cassation, 29 mai 1888.) Ce sont donc, outre les intérêts et dividendes payés, les valeurs quelconques distribuées en représentation d'un excédent du fonds social sur le montant des apports. (Cassation, 26 octobre 1892.)

Le même impôt de 4 pour 100 atteint tous les emprunts contractés par les Sociétés, quelle qu'en soit la forme, ou le mode

(1) Contrairement à l'arrêt des Chambres réunies du 29 décembre 1868, la Chambre civile de la Cour de Cassation par un arrêt du 4 février 1895 a fait l'application à une cession de parts d'intérêts du tarif de 0 fr. 50 pour 100 *sans décimes* des lois du 23 juin 1857, art. 6, et 29 juin 1872, art. 3. (*Journal de l'Enregistrement*, n° 24546.) Dans le même sens, voir Tribunal de la Seine, 4 avril 1903. (*Journal de l'Enregistrement*, n° 26645).

de réalisation, même les emprunts hypothécaires (1). (Cassation 2 août 1886 et 9 mars 1896 ; — Cass. Chambres réunies, 21 mars 1901. *Journal de l'Enregistrement*, n° 26093.)

Le compte courant n'est pas considéré comme un emprunt, lorsqu'il y a réciprocité de remises de valeurs entre les contractants. (Cassation, 2 juillet 1890.)

Calcul de l'impôt. — L'impôt de 4 pour 100 est calculé :

Pour les actions, sur le dividende fixé par les délibérations des assemblées générales, les comptes rendus ou tous autres documents analogues ;

Pour les obligations ou emprunts, sur les arrérages ou intérêts distribués dans l'année ;

Pour les parts d'intérêt et commandites, sur le dividende fixé par les délibérations des Conseils d'administration, ou à défaut de délibérations, par l'évaluation à raison de 5 pour 100 du prix moyen des cessions de parts d'intérêt de l'année précédente ou, à défaut de cession, à raison de 5 pour 100 du montant du capital social ou de la commandite. (Loi du 29 juin 1872, art. 2.)

Paiement de l'impôt. — La taxe de 4 pour 100 sur le revenu est avancée par les Sociétés débitrices, sauf leur recours contre le bailleur de fonds (loi du 26 juin 1872, art. 3), et versée au bureau de l'enregistrement du siège social en quatre termes égaux dans les vingt premiers jours de janvier, avril, juillet et octobre.

Pour les valeurs à revenu variable, les versements sont provisoires et calculés sur les quatre cinquièmes du revenu distribué du dernier exercice clos ou, en ce qui concerne les Sociétés nouvellement créées, sur le produit évalué à 5 pour 100 du capital appelé. La liquidation définitive a lieu lors du dépôt des documents fixant le dividende distribué. Ce dépôt doit être effectué dans les vingt jours de leur date, sous peine d'une amende

(1) Exception est faite à cette règle générale pour les intérêts des prêts consentis par le Crédit Foncier à une Société sur les fonds des obligations et lettres de gage par lui émises en raison du caractère d'intermédiaire légal conféré à cet établissement. (Seine, 31 juillet 1896, 3 jugements. *Revue de l'Enregistrement* 1-272-75-25 à 39. *Journal de l'Enregistrement*, n° 25039; — Seine, 30 avril 1892 : *Journal de l'Enregistrement*, n° 23975; — Déclaration à la Chambre des Députés du 11 mars 1898. *Journal de l'Enregistrement*, n° 26398.)

de 100 à 5,000 francs. (Décret du 6 décembre 1872, art. 1 et 2; — Loi du 23 juin 1857, art. 10; — Loi du 29 juin 1872, art. 5.)

La prescription des droits et amendes, en matière d'impôt sur le revenu, est de cinq ans à compter de la date d'exigibilité. (Loi du 17 juillet 1893, art. 21.)

SECTION II

ASSOCIATIONS

§ I. — Communautés, congrégations, associations religieuses et Sociétés assimilées.

A. — *Impôt sur le revenu.*

Ainsi que nous le disions plus haut, le fait générateur de l'impôt sur le revenu est la mise en distribution des bénéfices.

Une exception à cette règle a été introduite dans la législation fiscale par la loi du 28 décembre 1880 et par plusieurs lois subséquentes.

Nous appelons tout particulièrement l'attention des fondateurs de Sociétés sur cette législation spéciale qui crée pour toute une catégorie d'associés des charges fort onéreuses.

Collectivités assujetties à l'impôt sur le revenu par les lois de 1880 et 1884. — La loi du 28 décembre 1880 (art. 3) assujettit à l'impôt sur le revenu établi par la loi du 29 juin 1872 les revenus des sociétés et associations dans lesquelles « les produits ne doivent pas être distribués en tout ou en partie entre leurs membres ».

La loi du 29 décembre 1884 (art. 9), précisant le sens et la portée de la loi de 1880, fait, en outre, une distinction entre : 1° Les congrégations, communautés et associations religieuses, autorisées ou non autorisées, et 2° les Sociétés dont l'objet n'est pas de distribuer leurs produits en tout ou en partie entre leurs membres.

Pour les premières, l'impôt sur le revenu, élevé de 3 à 4 pour

100 sans décimes par l'article 4 de la loi du 26 décembre 1890, est toujours dû, quelles que soient les clauses des statuts, et par ce seul fait que la collectivité est une congrégation, une communauté ou une association religieuse.

Pour les secondes, la perception de l'impôt est subordonnée à la condition que les statuts prohibent la distribution totale ou partielle des produits de l'activité commune.

Par *produits*, il faut entendre les bénéfices assujettis, par la loi du 29 juin 1872, à l'impôt sur le revenu. (Voir ci-dessus, p. 79.)

Les produits qui « ne doivent pas être distribués » ne sont pas ceux qu'il est loisible à la Société de distribuer ou de ne pas distribuer, mais ceux qui auraient pu être distribués et dont la distribution est devenue impossible, par une clause expresse des statuts ou par l'organisation même de la Société. (*Journal officiel* du 24 décembre 1880. Sénat, p. 12782, col. 2, et p. 12784, col. 3 ; — *Journal officiel* du 25 décembre 1880, Sénat, p. 12843, col. 3 ; — *Journal officiel* du 28 décembre 1884, Sénat, p. 2026, col. 3.)

Sens des mots « communautés, congrégations et associations religieuses ». — Aucune définition n'a été donnée, ni par la loi, ni par les auteurs des projets, du sens précis des mots « communautés, congrégations et associations religieuses », insérés dans la loi du 29 décembre 1884. Sur ce point, les membres du Gouvernement ont toujours déclaré vouloir s'en rapporter aux tribunaux auxquels il appartiendra d'examiner chaque espèce et de donner la solution appropriée. (*Journal officiel* du 19 mars 1884. Chambre, pp. 810 et 811 ; — Trouillot et Chapsal : *Du contrat d'association*, p. 201.)

Par *communautés* et *congrégations*, il est généralement admis qu'on doit entendre les associations de personnes unies par une règle spirituelle commune et par un lien religieux.

En ce qui concerne les *associations religieuses*, la jurisprudence n'est pas encore définitivement fixée, à l'heure où nous écrivons, sur la portée précise à donner à cette expression, et il convient d'en suivre les décisions. Néanmoins, il paraît définitivement acquis que l'expression « association religieuse » n'est pas synonyme de communauté ou congrégation religieuse, et qu'elle peut s'entendre des associations qui, sans comprendre parmi ses membres des éléments congréganistes, ont été, à titre principal et prédominant, constituées dans un *but religieux* (1). (Cassation civ., 4 février 1903 ; — Cassation req., 1er décembre 1903.)

Détermination du revenu imposable. — Pour toutes les associations ou Sociétés assimilées, sans distinction, énumérées dans les lois de 1880 et 1884, le revenu imposable est déterminé à raison de 5 pour 100 de la valeur brute des biens meubles et immeubles possédés ou *occupés* par les associations, à moins qu'un revenu supérieur ne soit constaté. (Loi du 29 décembre 1884, art. 9.)

Ce minimum légal est toujours applicable même en cas d'improductivité absolue. (Cassation, 13 avril 1886.)

Les biens *possédés* sont ceux dont la propriété appartient personnellement à l'association (2).

Les biens *occupés* sont ceux sur lesquels l'Association exerce un droit de jouissance personnelle ; peu importe que la jouissance soit gratuite ou provienne d'une location. (Seine, 24 mai 1889.)

Paiement de l'impôt. — La taxe est acquittée au bureau de l'enregistrement du siège social en une seule fois, dans les trois mois qui suivent l'expiration de l'année passible de l'impôt. (Loi du 29 décembre 1884, art. 9.)

L'inexactitude des déclarations peut être établie conformément aux articles 17, 18 et 19 de la loi du 22 frimaire an VII, 13 et 15 de la loi du 23 août 1871.

La prescription des droits et amendes est de cinq ans. (Loi du 26 juillet 1893, art. 21 ; — Cass. req., 6 mai 1903.) (3)

(1) Il y a lieu de se mettre en garde contre les réclamations de l'administration de l'Enregistrement, qui tendent à donner à la doctrine de ces arrêts une extension excessive.

(2) Les biens possédés en nue propriété n'entrent pas en ligne de compte pour le calcul de la taxe sur le revenu. (Sol. Ad. Enreg., 9 mars 1889. *Journal Enreg.*, n° 23291.)

(3) La prescription biennale des amendes a été reconnue par un jugement du tribunal d'Abbeville, du 28 décembre 1904 (*Journal de l'Enregistrement*, n° 26970) et contestée par les rédacteurs du *Journal de l'Enregistrement* aux observations en suite de ce jugement.

B. — *Taxe d'accroissement.*

Origine de l'impôt. — Certains actes de société contiennent cette double clause : 1° Que la Société aura la faculté, pendant le cours de son existence, de s'*adjoindre* de nouveaux membres; et, 2° que la part des associés qui cesseront pour une cause quelconque de faire partie de la Société *accroîtra,* avec ou sans indemnité, aux membres restants.

Cette double clause dite d'*adjonction* et de *réversion,* qui semble vouloir assurer la perpétuité de la Société et qui, d'après le législateur, constitue une sorte de mainmorte, a donné naissance à un impôt spécial appelé *droit d'accroissement* (Loi du 28 décembre 1880, art. 4) converti en une taxe annuelle par l'article 3 de la loi du 16 avril 1895.

Condition d'exigibilité de la taxe d'accroissement.— L'article 4 de la loi du 28 décembre 1880 avait subordonné la perception du droit d'accroissement à la double condition d'adjonction et de réversion dont nous venons de parler ; mais la loi du 29 décembre 1884 (art. 9) est venue établir une distinction entre les collectivités soumises à cet impôt.

Cette loi a divisé les Sociétés en deux catégories : d'une part, les communautés, congrégations et associations religieuses (1) ; et, d'autre part, les sociétés et associations dont l'objet n'est pas de distribuer leurs produits en tout ou en partie entre leurs membres.

Pour les premières, le droit d'accroissement est dû, comme l'impôt sur le revenu, quelles que soient les clauses contenues dans les statuts et à raison de leur seul caractère de communauté, de congrégation ou d'association religieuse.

Quant aux secondes, elles ne sont soumises à cet impôt que lorsque les statuts admettent l'*adjonction* de nouveaux membres et contiennent une clause de *réversion* destinée à faire passer la part de l'associé qui disparaît entre les mains des associés qui restent.

(1) En ce qui concerne le sens des mots : « communautés, congrégations et associations religieuses », voir ce qui a été dit au sujet de l'impôt sur le revenu à la page 82.

Il importe, en outre, de remarquer que, pour cette seconde catégorie de Sociétés, le droit d'accroissement n'est exigible qu'aux conditions suivantes :

1° Qu'il existe une société ou une association, et non une simple indivision ;

2° Que les biens soumis au droit soient la propriété de la collectivité ;

3° Que les associés aient sur les biens communs un droit personnel qui les appelle au partage de ces biens. (Instruction de l'Administration de l'Enregistrement, n° 2651, § 41.)

Calcul de la taxe. — La loi du 16 avril 1895 (art. 3) a converti en une taxe annuelle l'ancien droit d'accroissement créé par la loi de 1880.

Cette taxe est calculée sur la *valeur brute des biens meubles et immeubles* POSSÉDÉS (1) par les Sociétés et associations énumérées dans la loi du 29 décembre 1884.

Elle est de 0 fr. 30 pour 100 sans décimes de la valeur des biens, sauf pour les congrégations, associations et Sociétés non assujetties à la taxe de mainmorte, qui paient 0 fr. 40 pour 100 sans décimes sur les *immeubles*. (Loi du 16 avril 1895, art. 4.)

La nue propriété et l'usufruit sont comptés pour leur valeur vénale.

En ce qui concerne l'application de la taxe pour les années antérieures à la promulgation de la loi de 1895, la taxe annuelle est calculée (à compter du plus ancien décès ou du plus ancien retrait survenu depuis 1885, ayant donné lieu à des droits encore dus lors de la promulgation de la loi) sur la valeur des biens meubles et immeubles telle que cette valeur aura été constatée pour le paiement de l'impôt sur le revenu, ou, à défaut, au moyen d'une déclaration. (Loi du 16 avril 1895, art. 8.)

La taxe est due alors même que les statuts stipulent que la

(1) A la différence de l'impôt sur le revenu, la taxe d'accroissement est due seulement sur les biens possédés, et non sur les biens occupés.

Les biens situés à l'étranger n'entrent pas en ligne de compte.

A défaut de promulgation de la loi du 16 avril 1895 dans les colonies, les biens des associations religieuses situés dans les colonies ne sont assujettis qu'aux droits d'accroissement entre vifs établis par la loi du 29 décembre 1884, et ces droits calculés au tarif réduit de la colonie ne peuvent être perçus que dans l'un des bureaux de cette colonie.

Société doit rembourser à l'associé sortant ou à ses héritiers la valeur de sa part. (Cassation req., 4 février 1903. *Journal de l'Enregistrement*, n° 26453.)

Paiement de la taxe. — La taxe d'accroissement est acquittée au bureau de l'enregistrement du siège social en une seule fois dans les trois mois qui suivent l'expiration de l'année passible de l'impôt sur la remise d'une déclaration détaillée faisant connaître la consistance et la valeur des biens. Une déclaration unique suffit pour les deux taxes sur le revenu et d'accroissement. (Loi du 16 avril 1895, art. 4.)

Le défaut de paiement dans le délai fixé est puni d'un demi-droit en sus au minimum de 100 francs. Les omissions et les insuffisances d'évaluation sont passibles d'un droit en sus sans minimum. (Loi du 16 avril 1895, art. 5.)

La prescription est de trente ans à compter de la date d'exigibilité pour les droits simples (Code civil, art. 2262, — Cass. req., 4 novembre 1907) et de deux ans à partir du jour où l'administration a été à même de constater la contravention au vu des actes soumis à l'enregistrement, pour les droits et demi-droits en sus. (Loi du 22 frimaire an VII, art. 61. — Conseil d'État, 18 août 1810. IVe série, Bull. 310, n° 5883. — Cass. req., 9 décembre 1903, *Journal de l'Enregistrement*, n° 26628.)

§ II. — Associations régies par la loi du 1er juillet 1901.

A. — Impôts à la charge de ces Associations. — 1° Les associations régies par la loi du 1er juillet 1901 sont celles dans lesquelles la distribution des revenus est interdite par la loi et dont le capital social ne peut être partagé entre ses membres lors de la dissolution. (Loi du 1er juillet 1901, art. 1er; — Décret du 16 août 1901, art. 15.)

Elles ne rentrent donc pas dans les conditions prévues par les lois fiscales pour supporter sur leurs biens l'impôt sur le revenu et la taxe d'accroissement.

L'absence de bénéfices susceptibles de distribution, de même que de tout droit personnel des associés sur l'actif commun, ne permet dans ces sortes d'associations ni la création d'actions ni la cession de parts d'intérêt. Les taxes que nous avons énumérées au chapitre 1er ne peuvent donc les atteindre (1).

Ces associations rentrent dans le droit commun, et nous n'avons à présenter à leur sujet que quelques observations.

2° L'acte d'association, s'il en existe un (ce qui n'est pas obligatoire pour les associations non déclarées), peut être rédigé sous seing privé, mais doit être écrit sur papier timbré. (Loi du 13 brumaire an VII, art. 1 et 12.)

Son enregistrement n'est pas obligatoire pour le dépôt prévu par l'article 5 de la loi du 1er juillet 1901 ; mais il ne peut ni être mentionné dans un acte notarié, ni être produit en justice sans cette formalité. (Loi du 22 frimaire an VII, art. 41 et 47.)

Dans ce cas, le tarif serait un droit fixe de 3 fr. 75, décimes compris. (Loi du 22 frimaire an VII, art. 68, § 1, 51° ; — Loi du 28 février 1872, art. 4.) Le tarif proportionnel établi par la loi du 28 avril 1893, art. 19, ne concerne que les *Sociétés* et ne peut s'appliquer aux *associations*. (Loi du 28 février 1872, art. 1.)

3° La déclaration souscrite au nom d'une association, en conformité de l'article 5 de la loi du 1er juillet 1901, ainsi que les deux exemplaires des statuts, ou toute autre pièce annexée, s'il y a lieu, doivent être rédigés sur papier timbré de dimension au minimum de 0 fr. 60.

Il en est de même des déclarations que sont tenues de faire les associations déclarées à la suite des changements survenus dans leur administration, et des modifications apportées à leurs statuts.

Le récépissé de ces pièces par l'autorité compétente est également délivré sur papier timbré au minimum de 0 fr. 60. (Décision du ministre des Finances du 13 février 1903 ; Circulaire du ministre de l'Intérieur du 26 mars 1903 ; Instruction de l'Enregistrement du 18 août 1903, *Journal de l'Enregistrement,* n° 26575.)

La déclaration à fournir au préfet ou au sous-préfet peut contenir sur la même feuille de papier timbré tous les renseigne-

(1) Nous formulerons néanmoins une réserve au sujet de l'impôt qui pourrait être dû sur le revenu des emprunts contractés par les associations déclarées ou reconnues d'utilité publique.

Bien que l'administration et la jurisprudence ne se soient pas encore prononcées sur cette question, ces associations paraissent rentrer dans les collectivités assujetties à l'impôt sur leurs emprunts. (Cassation, 6 août 1878.)

ments exigés par la loi, comme aussi la mention de tous les changements et modifications survenus depuis trois mois.

4° Les associations déclarées ou reconnues d'utilité publique constituent des *collectivités* dont les immeubles sont soumis à la taxe de mainmorte par la loi du 31 mars 1903. (Voir ci-après, p. 94.)

B. — Associations religieuses. — Nous terminerons ces courtes notes sur les associations par une question sur laquelle la jurisprudence ne s'est pas encore prononcée.

Les associations, constituées en conformité des prescriptions de la loi du 1er juillet 1901, auxquelles l'administration et la jurisprudence reconnaîtraient un *but religieux*, tombent-elles sous les prescriptions fiscales des lois de 1880, 1884 et 1895, qui visent expressément les associations religieuses, et devront-elles acquitter l'impôt sur le revenu et la taxe d'accroissement dans les conditions prévues par ces lois ?

En consultant les travaux préparatoires et les discussions parlementaires de ces lois, il semble que la question doive être résolue par la négative.

En effet, les lois précitées ont eu pour objet, à une époque où le droit d'association n'existait pas légalement, de faire rentrer les communautés, congrégations et associations religieuses, autorisées ou non autorisées, dans le droit commun des *Sociétés*.

« L'article 9, disait le rapporteur de la loi de 1884 dans la séance du Sénat du 24 décembre 1884, a pour objet d'assurer, vis-à-vis des congrégations religieuses, la perception des impôts autorisés... Il est constant en fait qu'une partie d'entre elles est parvenue à se soustraire à *la loi commune*... Il s'agit, dans l'article 9, de les empêcher de se créer une *situation particulière*.

« On nous accuse, disait M. Boulanger, commissaire du Gouvernement, dans la séance de la Chambre du 20 décembre 1884, de faire aux congrégations religieuses une position particulière, et on nous demande pourquoi nous ne les traitons pas comme les Sociétés ordinaires ? Nos honorables contradicteurs se méprennent absolument à cet égard, nous avons l'intention de placer les communautés religieuses *sous la même loi* que les Sociétés ordinaires. »

Bien que la discussion n'ait porté que sur les congrégations religieuses, son argumentation s'applique également aux *associa-*

tions religieuses, qui sont juxtaposées aux congrégations dans le même texte de loi.

De cette discussion, qui a déterminé le vote de la loi, se dégage nettement pour le législateur l'intention de soumettre les *associations religieuses* au droit commun ; les lois de 1880 et 1884 n'ont eu pour but, d'après leurs auteurs, que de les y faire rentrer.

Or, depuis la promulgation de la loi de 1901, qui a donné une existence légale aux associations et restreint leur capacité de posséder, les préoccupations qui justifiaient, aux yeux de ses auteurs, le régime spécial créé en 1884, ne peuvent plus subsister pour les associations religieuses qui se conformeront à la loi de 1901.

Il n'y a aucun danger que les associations ayant un but religieux se créent une situation plus favorable vis-à-vis de l'impôt que celle des associations qui ont un autre but ; il n'y a donc aucun motif pour leur appliquer une législation spéciale qui n'a pas été faite pour elles. Décider le contraire serait supposer que la loi a voulu consacrer une inégalité devant l'impôt, alors que son but avoué était de rétablir l'égalité des charges fiscales.

La loi de 1901 a créé pour les associations une situation légale que ne pouvaient prévoir et que ne peuvent atteindre les lois antérieures de 1880, 1884 et 1895. Ces lois ne doivent donc pas s'appliquer aux associations, même religieuses, qui se forment sous la protection de la loi du 1er juillet 1901 (1).

SECTION III

FORMALITÉS A REMPLIR PAR LES SOCIÉTÉS ET ASSOCIATIONS, ET DROIT DE COMMUNICATION DES AGENTS POUR ASSURER LA PERCEPTION DES DROITS.

§ I. — Formalités à remplir.

A. — *Droit de timbre.*

Timbre au comptant. — Les titres doivent être présentés au timbrage au bureau de l'enregistrement du chef-lieu de chaque

(1) Nous devons faire toutes réserves au sujet de cette appréciation personnelle qui, étant donné les tendances actuelles, pourrait être contredite par les faits.

département avant toute mise en circulation. (Loi du 5 juin 1850, art. 16 et 28.)

En cas d'infraction : amende de 10 ou 12 pour 100 du montant du titre. (Loi du 5 juin 1850, art. 18 et 29.)

Timbre par abonnement. — L'abonnement est souscrit au bureau de l'enregistrement du siège social, avant le timbrage des titres. (Loi du 5 juin 1850, art. 22.)

La déclaration, rédigée sur papier *non* timbré, doit faire connaître le nom et l'objet de la Société, son siège et sa durée, le nom de ses représentants, la date de l'acte de Société, le nombre et la valeur des titres que l'abonnement a pour objet.

En cas d'infraction : même amende.

B. — *Droit de transfert ou de transmission.*

Déclaration d'existence. — Les Sociétés dont les actions et obligations sont assujetties au droit de transmission établi par l'article 6 de la loi du 23 juin 1857, sont tenues de faire au bureau de l'enregistrement du siège social une déclaration contenant les mêmes indications que pour l'abonnement au timbre, avec mention du nombre et du montant des titres émis, en distinguant les actions des obligations et les titres nominatifs des titres au porteur.

Cette déclaration, rédigée sur papier *non* timbré, doit être faite *dans le mois* de la constitution définitive de la Société.

Une déclaration semblable doit être faite, dans le même délai d'un mois, pour toute modification apportée aux indications contenues dans la déclaration primitive. (Décret du 17 juillet 1857, art. 1er.)

Titres nominatifs. — Les Sociétés sont tenues de remettre au même bureau, dans les vingt premiers jours de chaque trimestre, un relevé des transferts et des conversions opérés pendant le cours du trimestre précédent.

Ce relevé doit comprendre la date de chaque opération, le nom du cédant et du cessionnaire, la désignation et le nombre des titres transférés ou convertis, le prix du transfert ou la valeur du titre converti.

Titres au porteur. — Pour les titres au porteur, un état distinct des actions et des obligations de cette nature existantes au dernier jour de chaque trimestre sera déposé dans le même délai au même bureau.

Cet état mentionnera le cours moyen, pendant l'année précédente, des actions et des obligations cotées, et, pour les titres non cotés, il contiendra une déclaration estimative de la valeur des titres. (Décret du 17 juillet 1857, art. 2 et 5.)

Pénalités. — Tout retard apporté aux dépôts des documents et au payement qui en est la conséquence est puni d'une amende de 100 à 5,000 francs, sans préjudice du droit en sus prévu par l'article 39 de la loi du 22 frimaire an VII, pour omission ou insuffisance de déclaration. (Loi du 23 juin 1857, art. 10 ; — Décret du 17 juillet 1857, art. 12.)

C. — *Impôt sur le revenu.*

Sociétés civiles et commerciales. — Le payement de l'impôt sur le revenu doit être effectué, *sans avis préalable*, dans les vingt premiers jours de chaque trimestre, sous peine de l'amende de 100 à 5,000 francs édictée par l'article 10 de la loi du 23 juin 1857. (Loi du 29 juin 1872, art. 5.)

En outre, les Sociétés doivent, sous la même peine, déposer au bureau de l'enregistrement du siège social, dans les vingt jours de leur date, les comptes rendus et les extraits des délibérations fixant le dividende à distribuer ou constatant l'absence de dividende. (Loi du 29 juin 1872, art. 2.)

Pour les sociétés auxquelles les statuts n'imposent pas l'obligation de prendre des délibérations fixant le dividende à distribuer, la liquidation définitive de la taxe doit être établie dans les vingt premiers jours du mois de mai, et la Société doit, dans ce délai et sous peine de l'amende, se présenter au bureau, sans avis préalable, pour acquitter le supplément de droit que cette liquidation définitive rendrait exigible. (Décret du 6 décembre 1872, art, 1 et 2.)

Communautés, congrégations, associations religieuses et Sociétés assimilées. — Les associations de cette catégorie, qui doivent l'impôt sur le revenu sur un forfait à 5 pour 100 du revenu des biens possédés et occupés, sont tenues d'acquitter cet impôt dans les trois premiers mois de l'année suivante pour l'année expirée et sans avis préalable.

Ils déposent à cet effet, avant le 31 mars, au bureau du siège social, un état détaillé, sur papier non timbré, faisant connaître distinctement la consistance et la valeur des biens soumis à l'impôt. (Loi du 28 décembre 1880, art. 3 ; — Loi du 29 décembre 1884, art. 9.)

En cas d'infraction : amende de 100 à 5,000 francs. (Loi du 28 décembre 1880, art. 3.)

D. — *Taxe d'accroissement.*

La taxe d'accroissement, qui est due uniquement par les communautés, congrégations, associations religieuses et Sociétés assimilées, est perçue dans le même délai et de la même manière que la taxe sur le revenu incombant à ces associations, mais la déclaration à souscrire ne doit comprendre que les biens possédés par ces collectivités. (Loi du 16 avril 1895, art. 3 et 4.)

§ II. — Droit de communication.

Les agents de l'enregistrement ont, dans certains cas, le droit de se présenter au siège des Sociétés et des associations ou dans leurs succursales pour prendre communication des documents qui y sont déposés. (Loi du 23 août 1871, art. 22 ; — Loi du 21 juin 1875, art. 7.)

Nous allons résumer brièvement cette partie de la législation, afin de faire connaître aux intéressés leurs droits et leurs devoirs.

A. — Sociétés et associations qui sont soumises au droit de communication. — Ce sont :

1° Les Sociétés qui ont émis des actions et des obligations, c'est-à-dire celles qui sont passibles des droits de timbre et de transmission établis sur les titres négociables. (Loi du 5 juin 1850, art. 16 ; — Décret du 17 juillet 1857, art. 9 ; — Loi du 23 août 1871, art. 22 ; — Loi du 21 juin 1875, art. 7.)

2° Les communautés, congrégations, associations religieuses, et Sociétés assimilées, visées par l'article 9 de la loi du 29 décembre 1884 et qui sont débitrices de l'impôt sur le revenu établi sur un forfait de 5 pour 100, et de la taxe d'accroissement. (Loi du 29 décembre 1884, art. 9.)

Par conséquent, les Sociétés en nom collectif, les Sociétés civiles ou commerciales dont le capital est divisé en parts d'intérêt non négociables, les associations qui ne rentrent pas dans la catégorie de celles que les lois de 1884 et 1895 ont soumises à l'impôt sur le revenu et à la taxe d'accroissement, sont en droit de refuser toute communication aux agents de l'enregistrement.

Les Sociétés et associations qui acquittent l'*impôt sur le revenu* des bénéfices distribués ou des emprunts contractés, sauf les congrégations, associations religieuses et Sociétés assimilées, ne sont pas par ce seul fait soumises au droit de communication, à moins que les agents ne soient autorisés à y pénétrer pour un autre motif. (*Journal officiel*, Assemblée Nationale, 26 juin 1872, p. 4302.)

B. — Agents qui ont le droit de requérir la communication. — Les *seuls* agents qui ont le droit de requérir la communication sont les préposés de l'Administration de l'Enregistrement dans leur ressort, exception faite pour les agents de la Direction Générale.

C. — Étendue et mode de la communication. — La communication a lieu sans déplacement et ne peut être exercée les jours fériés, ni pendant plus de quatre heures par jour. (Loi du 22 frimaire an VII, art. 54.)

Les Sociétés sont tenues de produire elles-mêmes au préposé les pièces qu'il demande. (Cassation, 4 mai 1885.)

Les pièces à communiquer sont *tous* les documents, même ceux non soumis au timbre et à l'enregistrement, qu'il peut paraître bon aux agents de consulter dans le but d'assurer l'application des lois sur le timbre, l'enregistrement, l'impôt sur le revenu et le droit d'accroissement. Il ne peut être fait usage des documents communiqués pour un autre but. Les assujettis n'ont pas à discuter les motifs de la communication. (Cassation, 13 novembre 1877 ; — Cassation, 28 février 1898. — Cassation, 14 janvier 1902.)

Les préposés peuvent prendre copie ou extraits des pièces.

Si les pièces demandées sont déclarées inexistantes ou détruites, l'administration peut user de tous les moyens de preuve pour contester cette déclaration. (Cassation, 29 et 30 décembre 1879.)

D. — Pénalités. — Le refus de communication est constaté par un procès-verbal dressé par l'agent faisant foi jusqu'à preuve contraire (Loi du 21 juin 1875, art, 7), et puni d'une amende de 1,000 à 10,000 francs, plus deux décimes et demi. (Loi du 17 avril 1906, art. 5.) En outre, ce même article de loi établit, *en cas de condamnation judiciaire,* une astreinte de 100 francs au minimum pour chaque jour de retard à représenter les pièces ou documents dont la communication est ordonnée par le tribunal. (*Bull. de la Société d'Éducation,* du 15 mai 1906, p. 447.)

SECTION IV

TAXE DE MAINMORTE

A. — Biens soumis à la taxe. — Une loi du 20 février 1849 avait assujetti à une taxe annuelle dite de *mainmorte* les biens immeubles passibles de la contribution foncière, appartenant « aux départements, communes, hospices, séminaires, fabriques, congrégations religieuses, consistoires, établissements de charité, bureaux de bienfaisance, sociétés anonymes et tous établissements publics légalement autorisés ».

Une loi du 31 mars 1903 (art. 2) a étendu l'application de cette taxe à « toutes les collectivités qui ont une existence propre et qui subsistent indépendamment des mutations qui peuvent se produire dans leur personnel, à l'exception des Sociétés en nom collectif et des Sociétés en commandite simple ».

Il résulte de ces textes qu'il est nécessaire pour que l'impôt soit exigible : 1° qu'il s'agisse d'immeubles ; 2° que ces immeubles soient passibles de la contribution foncière ; 3° qu'ils appartiennent à une collectivité constituant un être moral, ayant une personnalité civile distincte de celle des associés ; 4° qu'ils soient la propriété de la collectivité et non celle d'un de ses membres.

A part les deux exceptions prévues par la loi du 31 mars 1903 et celle édictée par la loi du 14 décembre 1895 (1), la taxe de mainmorte frappe donc désormais les immeubles possédés, non seulement par les Sociétés civiles et commerciales, mais encore par les associations déclarées ou reconnues d'utilité publique, dans les limites dans lesquelles ces associations ont le droit de posséder.

B. — Taux de la taxe. — La taxe est fixée par la loi du 31 mars 1903 à 112 centimes 1/2 par franc du principal de la contribution foncière pour les propriétés bâties, et à 70 centimes par franc du principal de cette même contribution pour les propriétés non bâties.

Elle est augmentée des deux décimes et demi auxquels sont assujettis les droits d'enregistrement. (Loi du 31 mars 1903, art. 3.)

Son recouvrement est effectué par le service des Contributions Directes.

Observation générale sur les impôts.

Ce résumé de la législation fiscale ne contient que les taxes spéciales qui sont dues exclusivement par les Sociétés et les Associations et ne comprend pas les impôts divers auxquels les collectivités, en raison de leur personnalité civile, peuvent être assujetties comme les individus.

(1) La loi du 14 décembre 1895, dans son article unique, exempte de la taxe de mainmorte les sociétés anonymes soumises par les lois fiscales à la contribution des PATENTES sous la rubrique : « Société formée *par actions* pour achat et vente d'immeubles et autres opérations immobilières »; mais cette exception ne s'applique qu'à ceux des immeubles appartenant à ces Sociétés qui sont exclusivement affectés aux opérations de ventes et d'achats. Arrêts du Conseil d'État, 12 juillet 1905 (Lebon, p. 643) et 9 février 1906 (Lebon, p. 127).

ANNEXES

LOI DU 24 JUILLET 1867 SUR LES SOCIÉTÉS

Modifiée par la loi du 1er août 1893.

TITRE PREMIER

DES SOCIÉTÉS EN COMMANDITE PAR ACTIONS (1)

ARTICLE PREMIER. — Les Sociétés en commandite ne peuvent diviser leur capital en actions ou coupures d'actions de moins de 25 francs lorsque le capital n'excède pas 200,000 francs, de moins de 100 francs lorsque le capital est supérieur à 200,000 francs.

Elles ne peuvent être définitivement constituées qu'après la souscription de la totalité du capital et le versement en espèces, pour chaque actionnaire, du montant des actions ou coupures d'actions souscrites par lui, lorsqu'elles n'excèdent pas 25 francs, et du quart au moins des actions lorsqu'elles sont de 100 francs et au dessus.

Cette souscription et ces versements sont constatés par une déclaration du gérant dans un acte notarié.

A cette déclaration sont annexés la liste des souscripteurs, l'état des versements effectués, l'un des doubles de l'acte de société, s'il est sous seing privé, et une expédition, s'il est notarié et s'il a été passé devant un notaire autre que celui qui a reçu la déclaration.

L'acte sous seing privé, quel que soit le nombre des associés, sera fait en double original, dont l'un sera annexé, comme il est dit au paragraphe qui précède, à la déclaration de souscription du capital et de versement du quart, et l'autre restera déposé au siège social.

ART. 2. — Les actions ou coupons d'actions sont négociables après le versement du quart.

(1) Toutes les dispositions du titre Ier que nous publions ici s'appliquent aux Sociétés anonymes, quoique le titre Ier ne parle que des Sociétés en commandite par actions.

ART. 3. — Les actions sont nominatives jusqu'à leur entière libération.

Les actions représentant des apports devront toujours être intégralement libérées au moment de la constitution de la Société.

Les actions ne peuvent être détachées de la souche et ne sont négociables que deux ans après la constitution définitive de la Société.

Pendant ce temps, elles devront, à la diligence des administrateurs, être frappées d'un timbre indiquant leur nature et la date de cette constitution. En cas de fusion de Sociétés par voie d'absorption ou de création d'une Société nouvelle englobant une ou plusieurs Sociétés préexistantes, l'interdiction de détacher les actions de la souche et de les négocier ne s'applique pas aux actions d'apport attribuées à une Société par actions ayant lors de la fusion plus de deux ans d'existence.

Les titulaires, les cessionnaires intermédiaires et les souscripteurs sont tenus solidairement du montant de l'action.

Tout souscripteur ou actionnaire qui a cédé son titre cesse, deux ans après la cession, d'être responsable des versements non encore appelés.

ART. 4. — Lorsqu'un associé fait un apport qui ne consiste pas en numéraire ou stipule à son profit des avantages particuliers, la première assemblée générale fait apprécier la valeur de l'apport ou la cause des avantages stipulés.

La Société n'est définitivement constituée qu'après l'approbation de l'apport ou des avantages, donnée par une autre assemblée générale, après une nouvelle convocation.

La seconde assemblée générale ne pourra statuer sur l'approbation de l'apport ou des avantages qu'après un rapport qui sera imprimé et tenu à la disposition des actionnaires, cinq jours au moins avant la réunion de cette assemblée.

Les délibérations sont prises par la majorité des actionnaires présents. Cette majorité doit comprendre le quart des actionnaires et représenter le quart du capital social en numéraire.

Les associés qui ont fait l'apport ou stipulé des avantages particuliers soumis à l'appréciation de l'assemblée n'ont pas voix délibérative.

A défaut d'approbation, la Société reste sans effet à l'égard de toutes les parties.

L'approbation ne fait pas obstacle à l'exercice ultérieur de l'action qui peut être intentée pour cause de dol ou de fraude. Les dispositions du présent article relatives à la vérification de l'apport qui ne consiste pas en numéraire ne sont pas applicables au cas où la Société à laquelle est fait le dit apport est formée entre ceux seulement qui en étaient propriétaires par indivis.

BIBLIOTHÈQUE NATIONALE R.F. IMPRIMÉS

Art. 5. — Un conseil de surveillance, composé de trois actionnaires au moins, est établi dans chaque Société en commandite par actions. Le conseil est nommé par l'assemblée générale des actionnaires, immédiatement après la constitution définitive de la Société, et avant toute opération sociale, il est soumis à la réélection aux époques et suivant les conditions déterminées par les statuts. Toutefois, le premier conseil n'est nommé que pour une année.

Art. 6. — Le premier conseil doit, immédiatement après sa nomination, vérifier si toutes les dispositions contenues dans les articles qui précèdent ont été observées.

Art. 7. — Est nulle et de nul effet à l'égard des intéressés toute Société en commandite par actions constituée contrairement aux prescriptions des articles 1, 2, 3, 4 et 5 de la présente loi. Cette nullité ne peut être opposée aux tiers par les associés.

Art. 8. — Lorsque la Société est annulée, aux termes de l'article précédent, les membres du premier conseil de surveillance peuvent être déclarés responsables, avec le gérant, du dommage résultant, pour la Société ou pour les tiers, de l'annulation de la Société. La même responsabilité peut être prononcée contre ceux des associés dont les apports ou les avantages n'auraient pas été vérifiés et approuvés, conformément à l'article ci-dessus. (Art. 4.)

L'action en nullité de la Société ou des actes et délibérations postérieurs à sa constitution n'est plus recevable lorsque, avant l'introduction de la demande, la cause de nullité a cessé d'exister. L'action en responsabilité, pour les faits dont la nullité résultait, cesse également d'être recevable lorsque, avant l'introduction de la demande, la cause de nullité a cessé d'exister, et, en outre, que trois ans se sont écoulés depuis le jour où la nullité était encourue.

Si, pour couvrir la nullité, une assemblée générale devait être convoquée, l'action en nullité ne sera plus recevable à partir de la date de la convocation régulière de cette assemblée.

Ces actions en nullité contre les actes constitutifs des Sociétés sont prescrites par dix ans.

Cette prescription ne pourra, toutefois, être opposée avant l'expiration des dix années qui suivront la promulgation de la présente loi.

Art. 9. — Les membres du conseil de surveillance n'encourent aucune responsabilité en raison des actes de la gestion et de leurs résultats. Chaque membre du conseil de surveillance est responsable de ses fautes personnelles, dans l'exécution de son mandat, conformément aux règles du droit commun.

Art. 10. — Les membres du conseil de surveillance vérifient les livres, la caisse, le portefeuille et les valeurs de la Société.

Ils font, chaque année, à l'assemblée générale, un rapport dans lequel ils doivent signaler les irrégularités et inexactitudes qu'ils ont reconnues dans les inventaires, et constater, s'il y a lieu, les motifs qui s'opposent aux distributions des dividendes proposés par le gérant.

Aucune répétition de dividendes ne peut être exercée contre les actionnaires, si ce n'est dans le cas où la distribution en aura été faite en l'absence de tout inventaire ou en dehors des résultats constatés par l'inventaire.

L'action en répétition, dans le cas où elle est ouverte, se prescrit par cinq ans, à partir du jour fixé pour la distribution des dividendes.

Les prescriptions commencées à l'époque de la promulgation de la présente loi, et pour lesquelles il faudrait encore, suivant les lois anciennes, plus de cinq ans, à partir de la même époque, seront accomplies par ce laps de temps.

ART. 11. — Le conseil de surveillance peut convoquer l'assemblée générale et, conformément à son avis, provoquer la dissolution de la Société.

ART. 12. — Quinze jours au moins avant la réunion de l'assemblée générale, tout actionnaire peut prendre par lui ou par un fondé de pouvoir, au siège social, communication du bilan, des inventaires et du rapport du conseil de surveillance.

ART. 13. — L'émission d'actions ou de coupons d'actions d'une Société constituée contrairement aux prescriptions des articles 1er, 2 et 3 de la présente loi, est punie d'une amende de 500 à 10.000 francs.

Sont punis de la même peine :

Le gérant qui commence les opérations sociales avant l'entrée en fonctions du conseil de surveillance ;

Ceux qui, en se présentant comme propriétaires d'actions ou de coupons d'actions qui ne leur appartiennent pas, ont créé frauduleusement une majorité factice dans une assemblée générale, sans préjudice de tous dommages-intérêts, s'il y a lieu, envers la Société ou envers les tiers ;

Ceux qui ont remis les actions pour en faire l'usage frauduleux.

Dans les cas prévus par les deux paragraphes précédents, la peine de l'emprisonnement de quinze jours à six mois peut, en outre, être prononcée.

ART. 14. — La négociation d'actions ou de coupons d'actions dont la valeur ou la forme serait contraire aux dispositions des articles 1er, 2 et 3 de la présente loi, ou pour lesquels le versement du quart n'aurait pas été effectué conformément à l'article 2 ci-dessus, est punie d'une amende de 500 à 10,000 francs.

Sont punies de la même peine toute participation à ces négociations et toute publication de la valeur des dites actions.

Art. 15. — Sont punis des peines portées par l'article 405 du Code pénal, sans préjudice de l'application de cet article à tous les faits constitutifs du délit d'escroquerie :

1° Ceux qui, par simulacre de souscriptions ou de versements ou par publication, faite de mauvaise foi, de souscriptions ou de versements qui n'existent pas, ou de tous autres faits faux, ont obtenu ou tenté d'obtenir des souscriptions ou des versements ;

2° Ceux qui, pour provoquer des souscriptions ou des versements, ont, de mauvaise foi, publié les noms des personnes désignées, contrairement à la vérité, comme étant ou devant être attachées à la Société à un titre quelconque :

3° Les gérants qui, en l'absence d'inventaires ou au moyen d'inventaires frauduleux, ont opéré entre les actionnaires la répartition des dividendes fictifs.

Les membres du conseil de surveillance ne sont pas civilement responsables des délits commis par le gérant.

Art. 16. — L'article 463 du Code pénal est applicable aux faits prévus par les trois articles qui précèdent.

Art. 17. — Des actionnaires représentant le vingtième au moins du capital social peuvent, dans un intérêt commun, charger, à leurs frais, un ou plusieurs mandataires de soutenir, tant en demandant qu'en défendant, une action contre les gérants ou contre les membres du conseil de surveillance, et de les représenter, en ce cas, en justice sans préjudice de l'action que chaque actionnaire peut intenter individuellement en son nom personnel.

Art. 18. — Disposition transitoire, sans intérêt.

Art. 19. — Idem.

Art. 20. — Idem.

TITRE II

DES SOCIÉTÉS ANONYMES

Art. 21. — A l'avenir, les Sociétés anonymes pourront se former sans l'autorisation du Gouvernement.

Elles pourront, quel que soit le nombre des associés, être formées par un acte sous seing privé fait en double original.

Elles seront soumises aux dispositions des articles 28, 30, 32, 33, 34 et 36 du Code de commerce et aux dispositions contenues dans le présent titre.

Art. 22. — Les Sociétés anonymes sont administrées par un ou plusieurs mandataires à temps, révocables, salariés ou gratuits, pris parmi les associés.

Ces mandataires peuvent choisir parmi eux un directeur, ou, si les statuts le permettent, se substituer un mandataire étranger à la Société et dont ils sont responsables envers elle.

Art. 23. — La Société ne peut être constituée si le nombre des associés est inférieur à sept.

Art. 24. — Les dispositions des articles 1er, 2, 3 et 4 de la présente loi sont applicables aux Sociétés anonymes.

La déclaration imposée au gérant par l'article 1er est faite par les fondateurs de la Société anonyme ; elle est soumise, avec les pièces à l'appui, à la première assemblée générale, qui en vérifie la sincérité.

Art. 25. — Une assemblée générale est, dans tous les cas, convoquée à la diligence des fondateurs, postérieurement à l'acte qui constate la souscription du capital social et le versement du quart du capital, qui consiste en numéraire. Cette assemblée nomme les premiers administrateurs ; elle nomme également, pour la première année, les commissaires institués par l'article 32 ci-après.

Ces administrateurs ne peuvent être nommés pour plus de six ans : ils sont rééligibles, sauf stipulation contraire.

Toutefois, ils peuvent être désignés par les statuts, avec stipulation formelle que leur nomination ne sera point soumise à l'approbation de l'assemblée générale. En ce cas, ils ne peuvent être nommés pour plus de trois ans.

Le procès-verbal de la séance constate l'acceptation des administrateurs et des commissaires présents à la réunion.

La Société est constituée à partir de cette acceptation.

Art. 26. — Les administrateurs doivent être propriétaires d'un nombre d'actions déterminé par les statuts.

Ces actions sont affectées en totalité à la garantie de tous les actes de la gestion, même de ceux qui seraient exclusivement personnels à l'un des administrateurs.

Elles sont nominatives, inaliénables, frappées d'un timbre indiquant l'inaliénabilité et déposées dans la caisse sociale.

Art. 27. — Il est tenu, chaque année au moins, une assemblée générale à l'époque fixée par les statuts. Les statuts déterminent le nombre d'actions qu'il est nécessaire de posséder, soit à titre de propriétaire, soit à titre de mandataire, pour être admis dans l'assemblée, et le nombre de voix appartenant à chaque actionnaire, eu égard au nombre d'actions dont il est porteur.

Tous propriétaires d'un nombre d'actions inférieur à celui déterminé pour être admis dans l'assemblée, pourront se réunir pour former le nombre nécessaire et se faire représenter par l'un d'eux.

Néanmoins, dans les assemblées générales appelées à vérifier les apports, à nommer les premiers administrateurs et à vérifier la sincérité de la déclaration des fondateurs de la Société, prescrites par le deuxième paragraphe de l'article 24, tout actionnaire, quel que soit le nombre des actions dont il est porteur, peut prendre part aux délibérations avec le nombre de voix déterminé par les statuts, sans qu'il puisse être supérieur à dix.

Art. 28. — Dans toutes les assemblées générales, les délibérations sont prises à la majorité des voix.

Il est tenu une feuille de présence, elle contient les noms et domiciles des actionnaires et le nombre d'actions dont chacun est porteur. Cette feuille, certifiée par le bureau de l'assemblée, est déposée au siège et doit être communiquée à tout requérant.

Art. 29. — Les assemblées générales qui ont à délibérer dans les cas autres que ceux qui sont prévus par les deux articles qui suivent doivent être composées d'un nombre d'actionnaires représentant le quart au moins du capital social.

Si l'assemblée générale ne réunit pas ce nombre, une nouvelle assemblée est convoquée dans les formes et avec les détails prescrits par les statuts, et elle délibère valablement, quelle que soit la portion du capital représenté par les actionnaires présents.

Art. 30. — Les assemblées qui ont à délibérer sur la vérification des apports, sur la nomination des premiers administrateurs, sur la sincérité de la déclaration faite par les fondateurs, aux termes du § 2 de l'article 24, doivent être composées d'un nombre d'actionnaires représentant la moitié au moins du capital social.

Le capital social, dont la moitié doit être représentée pour la vérification de l'apport, se compose seulement des apports non soumis à vérification.

Si l'assemblée générale ne réunit pas un nombre d'actionnaires représentant la moitié du capital social, elle ne peut prendre qu'une délibération provisoire. Dans ce cas, une nouvelle assemblée générale est convoquée. Deux avis, publiés à huit jours d'intervalle, au moins un mois à l'avance, dans l'un des journaux désignés pour recevoir les annonces légales, font connaître aux actionnaires les résolutions provisoires adoptées par la première assemblée, et ces résolutions deviennent définitives si elles sont approuvées par la nouvelle assemblée, composée d'un nombre d'actionnaires représentant le cinquième au moins du capital social.

Art. 31. — Les assemblées qui ont à délibérer sur des modifications aux statuts ou sur des propositions de continuation de la société audelà du terme fixé pour sa durée, ou de dissolution avant ce terme, ne sont régulièrement constituées et ne délibèrent valablement qu'autant qu'elles sont composées d'un nombre d'actionnaires représentant la moitié au moins du capital social.

Art. 32. — L'assemblée générale annuelle désigne un ou plusieurs commissaires, associés ou non, chargés de faire un rapport à l'assemblée générale de l'année suivante sur la situation de la Société, sur le bilan et sur les comptes présentés par les administrateurs.

La délibération contenant approbation du bilan et des comptes est nulle, si elle n'a été précédée du rapport des commissaires.

A défaut de nomination de commissaires par l'assemblée générale, ou en cas d'empêchement ou de refus d'un ou de plusieurs des commissaires nommés, il est procédé à leur nomination ou à leur remplacement par ordonnance du président du tribunal de commerce du siège de la Société, à la requête de tout intéressé, les administrateurs dûment appelés.

Art. 33. — Pendant le trimestre qui précède l'époque fixée par les statuts pour la réunion de l'assemblée générale, les commissaires ont droit, toutes les fois qu'ils le jugent convenable dans l'intérêt social, de prendre communication des livres et d'examiner les opérations de la Société.

Ils peuvent toujours, en cas d'urgence, convoquer l'assemblée générale.

Art. 34. — Toute Société anonyme doit dresser, chaque semestre, un état sommaire de sa situation active et passive.

Cet état est mis à la disposition des commissaires.

Il est, en outre, établi chaque année, conformément à l'article 9 du Code de commerce, un inventaire contenant l'indication des valeurs mobilières et immobilières et de toutes les dettes actives et passives de la Société.

L'inventaire, le bilan et le compte des profits et pertes sont mis à la disposition des commissaires le quarantième jour, au plus tard, avant l'assemblée générale. Ils sont présentés à cette assemblée.

Art. 35. — Quinze jours au moins avant la réunion de l'assemblée générale, tout actionnaire peut prendre, au siège social, communication de l'inventaire et de la liste des actionnaires, et se faire délivrer copie du bilan résumant l'inventaire et du rapport des commissaires.

Art. 36. — Il est fait annuellement, sur les bénéfices nets, un prélèvement d'un vingtième au moins affecté à la formation d'un fonds de réserve.

Ce prélèvement cesse d'être obligatoire lorsque le fonds de réserve a atteint le dixième du capital social.

Art. 37. — En cas de perte des trois quarts du capital social, les administrateurs sont tenus de provoquer la réunion de l'assemblée générale de tous les actionnaires, à l'effet de statuer sur la question de savoir s'il y a lieu de prononcer la dissolution de la Société.

La résolution de l'assemblée est, dans tous les cas, rendue publique.

A défaut par les administrateurs de réunir l'assemblée générale, comme dans le cas où cette assemblée n'aurait pu se constituer régulièrement, tout intéressé peut demander la dissolution de la Société devant les tribunaux.

Art. 38. — La dissolution peut être prononcée sur la demande de toute partie intéressée, lorsqu'un an s'est écoulé depuis l'époque où le nombre des associés est réduit à moins de sept.

Art. 39. — L'article 17 est applicable aux Sociétés anonymes.

Art. 40. — Il est interdit aux administrateurs de prendre ou de conserver un intérêt direct ou indirect dans une entreprise ou dans un marché fait avec la Société ou pour son compte, à moins qu'ils n'y soient autorisés par l'assemblée générale.

Il est, chaque année, rendu à l'assemblée générale un compte spécial de l'exécution des marchés ou entreprises par elle autorisés, aux termes du paragraphe précédent.

Art. 41. — Est nulle et de nul effet à l'égard des intéressés toute Société anonyme pour laquelle n'ont pas été observées les dispositions des articles 22, 23, 24 et 25 ci-dessus.

Art. 42. — Lorsque la nullité de la Société ou des actes et délibérations a été prononcée aux termes de l'article précédent, les fondateurs auxquels la nullité est imputable et les administrateurs en fonctions au moment où elle a été encourue sont responsables solidairement envers les tiers et les actionnaires des dommages résultant de cette annulation.

La même responsabilité solidaire peut être prononcée contre ceux des associés dont les apports ou les avantages n'auraient pas été vérifiés et approuvés conformément à l'article 24.

L'action en nullité et celle en responsabilité en résultant sont soumises aux dispositions de l'article 8 ci-dessus.

Art. 43. — L'étendue et les effets de la responsabilité des commissaires envers la Société sont déterminés d'après les règles générales du mandat.

Art. 44. — Les administrateurs sont responsables, conformément aux règles du droit commun, individuellement ou solidairement suivant les cas, envers la Société ou envers les tiers, soit des infractions aux dispositions de la présente loi, soit des fautes qu'ils auraient commises dans leur gestion, notamment en distribuant ou en laissant distribuer sans opposition des dividendes fictifs.

Art. 45. — Les dispositions des articles 13, 14, 15 et 16 de la présente loi sont applicables en matière de Sociétés anonymes, sans distinction entre celles qui sont actuellement existantes et celles qui se constitueront sous l'empire de la présente loi. Les administrateurs qui, en l'absence d'inventaire ou au moyen d'inventaires frauduleux, auront opéré des dividendes fictifs, seront punis de la peine qui est prononcée dans ce cas par le n° 3 de l'article 15 contre les gérants des Sociétés en commandite.

Sont également applicables en matière de Sociétés anonymes les dispositions des trois derniers paragraphes de l'article 10.

ART. 46. — Disposition transitoire sans intérêt.

ART. 47. — Idem.

TITRE III

DISPOSITIONS PARTICULIÈRES AUX SOCIÉTÉS À CAPITAL VARIABLE

ART. 48. — Il peut être stipulé, dans les statuts de toute Société, que le capital social sera susceptible d'augmentation par des versements successifs faits par les associés ou l'admission d'associés nouveaux, et de diminution par la reprise totale ou partielle des apports effectués.

Les Sociétés dont les statuts contiendront la stipulation ci-dessus seront soumises, indépendamment des règles générales qui leur sont propres suivant leur forme spéciale, aux dispositions des articles suivants.

ART. 49. — Le capital social ne pourra être porté par les statuts constitutifs de la Société au-dessus de la somme de 200,000 francs.

Il pourra être augmenté par des délibérations de l'assemblée générale, prises d'année en année ; chacune des augmentations ne pourra être supérieure à 200,000 francs.

ART. 50. — Les actions ou coupons d'actions seront nominatifs, même après leur entière libération.

Ils ne seront négociables qu'après la constitution définitive de la Société.

La négociation ne pourra avoir lieu que par voie de transfert sur les registres de la Société, et les statuts pourront donner, soit au Conseil d'administration, soit à l'assemblée générale, le droit de s'opposer au transfert.

ART. 51. — Les statuts détermineront une somme au-dessous de laquelle le capital ne pourra être réduit par les reprises des apports autorisées par l'article 48.

Cette somme ne pourra être inférieure au dixième du capital social.

La Société ne sera définitivement constituée qu'après le versement du dixième.

Art. 52. — Chaque associé pourra se retirer de la Société lorsqu'il le jugera convenable, à moins de conventions contraires et sauf l'application du § 1er de l'article précédent.

Il pourra être stipulé que l'assemblée générale aura le droit de décider, à la majorité fixée pour la modification des statuts, que l'un ou plusieurs des associés cesseront de faire partie de la Société.

L'associé qui cessera de faire partie de la Société, soit par l'effet de sa volonté, soit par suite de décision de l'assemblée générale, restera tenu, pendant cinq ans, envers les associés et envers les tiers, de toutes les obligations existant au moment de sa retraite.

Art. 53. — La Société, quelle que soit sa forme, sera valablement représentée en justice par ses administrateurs.

Art. 54. — La Société ne sera point dissoute par la mort, la retraite, l'interdiction, la faillite ou la déconfiture de l'un des associés ; elle continuera de plein droit entre les autres associés.

TITRE IV

DISPOSITIONS RELATIVES A LA PUBLICATION DES ACTES DE SOCIÉTÉ

Art. 55. — Dans le mois de la constitution de toute Société commerciale, un double de l'acte constitutif, s'il est sous seing privé, ou une expédition, s'il est notarié, est déposé aux greffes de la justice de paix et du tribunal de commerce du lieu dans lequel est établie la Société.

A l'acte constitutif des Sociétés en commandite par actions et des Sociétés anonymes sont annexées : 1° une expédition de l'acte notarié constatant la souscription du capital social et le versement du quart ; 2° une copie certifiée des délibérations prises par l'assemblée générale dans les cas prévus par les articles 4 et 24.

En outre, lorsque la Société est anonyme, on doit annexer à l'acte constitutif la liste nominative, dûment certifiée, des souscripteurs, contenant les nom, prénoms, qualité, demeure, et le nombre d'actions de chacun d'eux.

Art. 56. — Dans le même délai d'un mois, un extrait de l'acte constitutif et des pièces annexées est publié dans l'un des journaux désignés pour recevoir les annonces légales.

Il sera justifié de l'insertion par un exemplaire du journal certifié par l'imprimeur, légalisé par le maire et enregistré dans les trois mois de sa date.

Les formalités prescrites par l'article précédent et par le présent article seront observées, à peine de nullité, à l'égard des intéressés ;

mais le défaut d'aucune d'elles ne pourra être opposé aux tiers par les associés.

Art. 57. — L'extrait doit contenir le nom des associés autres que les actionnaires ou commanditaires ; la raison de commerce ou la dénomination adoptée par la Société et l'indication du siège social ; la désignation des associés autorisés à gérer, administrer et signer pour la Société ; le montant du capital social et le montant des valeurs fournies ou à fournir par les actionnaires ou commanditaires ; l'époque où la Société commence, celle où elle doit finir, et la date du dépôt fait aux greffes de la justice de paix et du tribunal de commerce.

Art. 58. — L'extrait doit énoncer que la Société est en nom collectif ou en commandite simple, ou en commandite par actions, ou anonyme, ou à capital variable.

Si la Société est anonyme, l'extrait doit énoncer le montant du capital social en numéraire et en autres objets, la quotité à prélever sur les bénéfices pour composer le fonds de réserve.

Enfin, si la Société est à capital variable, l'extrait doit contenir l'indication de la somme au-dessous de laquelle le capital social ne peut être réduit.

Art. 59. — Si la Société a plusieurs maisons de commerce situées dans divers arrondissements, le dépôt prescrit par l'article 55 et la publication prescrite par l'article 56 ont lieu dans chacun des arrondissements où existent les maisons de commerce.

Dans les villes divisées en plusieurs arrondissements, le dépôt sera fait seulement au greffe de la justice de paix du principal établissement.

Art. 60. — L'extrait des actes et pièces déposés est signé, pour les actes publics, par le notaire, et, pour les actes sous seing privé, par les associés en nom collectif, par les gérants des Sociétés en commandite ou par les administrateurs des Sociétés anonymes.

Art. 61. — Sont soumis aux formalités et aux pénalités prescrites par les articles 55 et 56 :

Tous actes et délibérations ayant pour objet la modification des statuts, la continuation de la Société au-delà du terme fixé pour sa durée, la dissolution avant ce terme et le mode de liquidation, tout changement ou retraite d'associés et tout changement à la raison sociale.

Sont également soumises aux dispositions des articles 55 et 56 les délibérations prises dans les cas prévus par les articles 19, 37, 46, 47 et 49 ci-dessus.

Art. 62. — Ne sont pas assujettis aux formalités de dépôt et de publication les actes constatant les augmentations ou les diminutions du capital social opérées dans les termes de l'article 48, ou les retraites d'associés, autres que les gérants ou administrateurs, qui auraient lieu conformément à l'article 22.

Art. 63. — Lorsqu'il s'agit d'une Société en commandite par actions, ou d'une Société anonyme, toute personne a le droit de prendre communication des pièces déposées au greffe de la justice de paix et du tribunal de commerce, ou même de s'en faire délivrer à ses frais expédition ou extrait par le greffier ou par le notaire détenteur de la minute.

Toute personne peut également exiger qu'il lui soit délivré au siège de la Société une copie certifiée des statuts moyennant paiement d'une somme qui ne pourra excéder 1 franc. Enfin, les pièces déposées doivent être affichées d'une manière apparente dans les bureaux de la Société.

Art. 64. — Dans tous les actes, factures ou annonces, publications et autres documents *imprimés* ou *autographiés* émanés des Sociétés anonymes ou en commandite par actions, la dénomination sociale doit toujours être précédée de ces mots écrits en toutes lettres : *Sociétés anonymes* ou *Sociétés en commandite par actions*, et de l'énonciation du montant du capital social.

Si la Société a usé de la faculté accordée par l'article 48, cette circonstance doit être mentionnée par l'addition de ces mots : *à capital variable*.

Toute contravention aux dispositions qui précèdent est punie d'une amende de 50 francs à 1000 francs.

Art. 65. — Sont abrogées les dispositions des articles 42, 43, 44, 45 et 46 du Code de commerce.

TITRE V

DES TONTINES ET DES SOCIÉTÉS D'ASSURANCES

Art. 66. — Les associations de la nature des tontines et des Sociétés d'assurances sur la vie mutuelles ou à primes, restent soumises à l'autorisation et à la surveillance du Gouvernement.

Les autres Sociétés d'assurances pourront se former sans autorisation. Un règlement d'administration publique déterminera les conditions sous lesquelles elles pourront être constituées.

Art. 67. — Les Sociétés d'assurances désignées dans le § 2 de l'article précédent, qui existent actuellement, pourront se placer sous le régime qui sera établi par le règlement d'administration publique, sans l'autorisation du Gouvernement, en observant les formes et conditions prescrites pour la modification de leurs statuts.

Dispositions diverses.

ART. 68. — Quel que soit leur objet, les Sociétés en commandite ou anonymes qui seront constituées dans les formes du Code de commerce ou de la présente loi seront commerciales et soumises aux lois et usages du commerce.

ART. 69. — Il pourra être consenti hypothèque au nom de toute Société commerciale en vertu des pouvoirs résultant de son acte de formation même sous seing privé, ou des délibérations ou autorisations constatées dans les formes réglées par ledit acte. L'acte d'hypothèque sera passé en forme authentique, conformément à l'article 2128 du Code civil.

ART. 70. — Dans le cas où les Sociétés ont continué à payer les intérêts ou dividendes des actions, obligations ou tous autres titres remboursables par suite d'un tirage au sort, elles ne peuvent répéter ces sommes lorsque le titre est présenté au remboursement.

ART. 71. — Dans l'article 50, § 1er, sont supprimés les mots : « Ils ne pourront être inférieurs à 50 francs. »

Dispositions transitoires.

Pour les Sociétés en commandite par actions ou anonymes déjà existantes, sans distinction entre celles antérieures à la loi du 24 juillet 1867 et celles postérieures, il n'est pas dérogé à la faculté qu'elles peuvent avoir de convertir leurs actions en titres au porteur avant libération intégrale.

Quant aux actions nominatives des mêmes Sociétés, les deux ans après lesquels tout souscripteur ou actionnaire qui a cédé son titre cesse d'être responsable des versements non appelés ne courront, à l'égard des créanciers antérieurs à la présente loi, qu'à partir de l'entrée en vigueur de la loi, et sauf application de l'article 2257 du Code civil pour les créances conditionnelles ou à terme et les actions en garantie.

Les dispositions de l'article 8 et celles de l'article 42 s'appliquent aux Sociétés déjà constituées sous l'empire de la loi du 24 juillet 1867.

Dans les mêmes Sociétés, l'action en nullité résultant des articles 7 et 41 ne sera plus recevable si les causes de nullité ont cessé d'exister au moment de la présente loi.

En tout cas, l'action en responsabilité pour les faits dont la nullité résultait ne cessera d'être recevable que trois ans après la présente loi.

Les Sociétés civiles actuellement constituées sous d'autres formes pourront, si leurs statuts ne s'y opposent pas, se transformer en Sociétés en commandite ou en Sociétés anonymes, par décision d'une assemblée générale spécialement convoquée et réunissant les conditions tant de l'acte social que de l'article 31 ci-dessus.

LOI DU 1er JUILLET 1901

RELATIVE AU CONTRAT D'ASSOCIATION

TITRE PREMIER

Article premier. — L'association est la convention par laquelle deux ou plusieurs personnes mettent en commun d'une façon permanente leurs connaissances ou leur activité dans un autre but que de partager les bénéfices. Elle est régie, quant à sa validité, par les principes généraux du droit applicables aux contrats et obligations.

Art. 2. — Les associations de personnes pourront se former librement sans autorisation ni déclaration préalable, mais elles ne jouiront de la capacité juridique que si elles se sont conformées aux dispositions de l'article 5.

Art. 3. — Toute association fondée sur une cause en vue d'un objet illicite, contraire aux lois, aux bonnes mœurs, ou qui aurait pour but de porter atteinte à l'intégrité du territoire national et à la forme républicaine du gouvernement, est nulle et de nul effet.

Art. 4. — Tout membre d'une association qui n'est pas formée pour un temps déterminé peut s'en retirer en tout temps, après paiement des cotisations échues et de l'année courante, nonobstant toute clause contraire.

Art. 5. — Toute association qui voudra obtenir la capacité juridique prévue par l'article 6 devra être rendue publique par les soins de ses fondateurs.

La déclaration préalable en sera faite à la préfecture du département ou à la sous-préfecture de l'arrondissement où l'association aura son siège social. Elle fera connaître le titre et l'objet de l'association, le siège de ses établissements et les noms, professions et domiciles de ceux qui, à un titre quelconque, sont chargés de son administration ou de sa direction ; il en sera donné récépissé.

Deux exemplaires des statuts seront joints à la déclaration.

Les associations sont tenues de faire connaître, dans les trois mois, tous les changements survenus dans leur administration ou direction, ainsi que toutes les modifications apportées à leurs statuts.

Ces modifications et changements ne sont opposables aux tiers qu'à partir du jour où ils auront été déclarés.

Les modifications et changements seront en outre consignés sur un registre spécial qui devra être présenté aux autorités administratives ou judiciaires chaque fois qu'elles en feront la demande.

Art. 6. — Toute association régulièrement déclarée peut, sans aucune autorisation spéciale, ester en justice, acquérir à titre onéreux, posséder et administrer, en dehors des subventions de l'État, des départements et des communes :

1° Les cotisations de ses membres ou les sommes au moyen desquelles ces cotisations ont été rédimées, ces sommes ne pouvant être supérieures à cinq cents francs (500 francs) ;

2° Le local destiné à l'administration de l'association et à la réunion de ses membres ;

3° Les immeubles strictement nécessaires à l'accomplissement du but qu'elle se propose.

Art. 7. — En cas de nullité prévue par l'article 3, la dissolution de l'association sera prononcée par le tribunal civil, soit à la requête de tout intéressé, soit à la diligence du ministère public.

En cas d'infraction aux dispositions de l'article 5, la dissolution pourra être prononcée à la requête de tout intéressé ou du ministère public.

Art. 8. — Seront punis d'une amende de seize à deux cents francs (16 à 200 francs) et, en cas de récidive, d'une amende double, ceux qui auront contrevenu aux dispositions de l'article 5.

Seront punis d'une amende de seize à cinq mille francs (16 à 5,000 francs) et d'un emprisonnement de six jours à un an, les fondateurs, directeurs ou administrateurs de l'association qui se serait maintenue ou reconstituée illégalement après le jugement de dissolution.

Seront punies de la même peine toutes les personnes qui auront favorisé la réunion des membres de l'association dissoute, en consentant l'usage d'un local dont elles disposent.

Art. 9. — En cas de dissolution volontaire, statutaire ou prononcée par justice, les biens de l'association seront dévolus conformément aux statuts, ou, à défaut de disposition statutaire, suivant les règles déterminées en assemblée générale.

TITRE II

Art. 10. — Les associations peuvent être reconnues d'utilité publique par décrets rendus en la forme des règlements d'administration publique.

ART. 11. — Ces associations peuvent faire tous les actes de la vie civile qui ne sont pas interdits par leurs statuts, mais elles ne peuvent posséder ou acquérir d'autres immeubles que ceux nécessaires au but qu'elles se proposent. Toutes les valeurs mobilières d'une association doivent être placées en titres nominatifs.

Elles peuvent recevoir des dons et des legs dans les conditions prévues par l'article 910 du Code civil et l'article 5 de la loi du 4 février 1901. Les immeubles compris dans un acte de donation ou dans une disposition testamentaire qui ne seraient pas nécessaires au fonctionnement de l'association sont aliénés dans les délais et la forme prescrits par le décret ou l'arrêté qui autorise l'acceptation de la libéralité ; le prix en est versé à la caisse de l'association.

Elles ne peuvent accepter une donation mobilière ou immobilière avec réserve d'usufruit au profit du donateur.

ART. 12. — Les associations composées en majeure partie d'étrangers, celles ayant des administrateurs étrangers ou leur siège à l'étranger, et dont les agissements seraient de nature soit à fausser les conditions normales du marché des valeurs ou des marchandises, soit à menacer la sûreté intérieure ou extérieure de l'État, dans les conditions prévues par les articles 75 à 101 du Code pénal, pourront être dissoutes par décret du Président de la République, rendu en Conseil des Ministres.

Les fondateurs, directeurs ou administrateurs de l'association qui se serait maintenue ou reconstituée illégalement après le décret de dissolution seront punis des peines portées par l'article 8, § 2.

. . . .

ART. 17. — Sont nuls tous actes entre vifs ou testamentaires, à titre onéreux ou gratuit, accomplis soit directement, soit par personne interposée, ou toute autre voie indirecte, ayant pour objet de permettre aux associations légalement ou illégalement formées de se soustraire aux dispositions des articles 2, 6, 9, 11, 13, 14 et 16.

. . . .

La nullité pourra être prononcée, soit à la diligence du ministère public, soit à la requête de tout intéressé.

8

DÉCRET DU 16 AOUT 1901

Portant règlement d'administration publique pour l'exécution de la loi du 1er juillet 1901 relative au contrat d'association.

TITRE PREMIER

DES ASSOCIATIONS

CHAPITRE PREMIER. — *Associations déclarées.*

ARTICLE PREMIER. — La déclaration prévue par l'article 5, § 2, de la loi du 1er juillet 1901 est faite par ceux qui, à un titre quelconque, sont chargés de l'administration ou de la direction de l'association.

Dans le délai d'un mois, elle est rendue publique par leurs soins, au moyen de l'insertion au *Journal officiel* d'un extrait contenant la date de la déclaration, le titre et l'objet de l'association, ainsi que l'indication de son siège social.

L'extrait est reproduit par les soins du préfet au Recueil des actes administratifs de la préfecture.

ART. 2. — Toute personne a droit de prendre communication sans déplacement, au secrétariat de la préfecture ou de la sous-préfecture, des statuts et déclarations ainsi que des pièces faisant connaître les modifications de statuts et les changements survenus dans l'administration ou la direction. Elle peut même s'en faire délivrer à ses frais expédition ou extrait.

ART. 3. — Les déclarations relatives aux changements survenus dans l'administration ou la direction de l'association mentionnent :

1° Les changements de personnes chargées de l'administration ou de la direction ;

2° Les nouveaux établissements fondés ;

3° Le changement d'adresse dans la localité où est situé le siège social ;

4° Les acquisitions ou aliénations du local et des immeubles spécifiés à l'article 6 de la loi du 1er juillet 1901 ; un état descriptif, en cas d'acquisition, et l'indication des prix d'acquisition ou d'aliénation doivent être joints à la déclaration.

ART. 4. — Pour le département de la Seine, les déclarations et les dépôts des pièces annexées sont faits à la préfecture de police.

ART. 5. — Le récépissé de toute déclaration contient l'énumération des pièces annexées ; il est daté et signé par le préfet ou son délégué ou par le sous-préfet.

ART. 6. — Les modifications apportées aux statuts et les changements survenus dans l'administration ou la direction de l'association sont transcrits sur un registre tenu au siège de toute association déclarée ; les dates des récépissés relatifs aux modifications et changements sont mentionnées au registre.

La présentation dudit registre aux autorités administratives ou judiciaires, sur leur demande, se fait sans déplacement au siège social.

ART. 7. — Les unions d'associations ayant une administration ou une direction centrale sont soumises aux dispositions qui précèdent. Elles déclarent, en outre, le titre, l'objet et le siège des associations qui les composent. Elles font connaître dans les trois mois les nouvelles associations adhérentes.

CHAPITRE II. — *Associations reconnues d'utilité publique.*

ART. 8. — Les associations qui sollicitent la reconnaissance d'utilité publique doivent avoir rempli au préalable les formalités imposées aux associations déclarées.

ART. 9. — La demande en reconnaissance d'utilité publique est signée de toutes les personnes déléguées à cet effet par l'assemblée générale.

ART. 10. — Il est adjoint à la demande :

1° Un exemplaire du *Journal officiel* contenant l'extrait de la déclaration ;

2° Un exposé indiquant l'origine, le développement, le but d'intérêt public de l'œuvre ;

3° Les statuts de l'association en double exemplaire ;

4° La liste des établissements avec indication de leur siège ;

5° La liste des membres de l'association avec l'indication de leur âge, de leur nationalité, de leur profession et de leur domicile, ou, s'il s'agit d'une union, la liste des associations qui la composent, avec l'indication de leur titre, de leur objet et de leur siège ;

6° Le compte financier du dernier exercice ;

7° Un état de l'actif mobilier et immobilier et du passif ;

8° Un extrait de délibération de l'assemblée générale autorisant la demande en reconnaissance d'utilité publique.

Ces pièces sont certifiées sincères et véritables par les signataires de la demande.

ART. 11. — Les statuts contiennent :

1° L'indication du titre de l'association, de son objet, de sa durée et de son siège social ;

2° Les conditions d'admission et de radiation de ses membres ;

3° Les règles d'organisation et de fonctionnement de l'association et de ses établissements, ainsi que la détermination des pouvoirs conférés aux membres chargés de l'administration ou de la direction, les conditions de modification des statuts et de la dissolution de l'association ;

4° L'engagement de faire connaître dans les trois mois à la préfecture ou à la sous-préfecture tous les changements survenus dans l'administration ou la direction et de présenter sans déplacement les registres et pièces de comptabilité sur toute réquisition du préfet à lui-même ou à son délégué ;

5° Les règles suivant lesquelles les biens seront dévolus en cas de dissolution volontaire, statutaire, prononcée en justice ou par décret ;

6° Le prix maximum des rétributions qui seront perçues à un titre quelconque dans les établissements de l'association où la gratuité n'est pas complète.

ART. 12. — La demande est adressée au ministre de l'Intérieur ; il en est donné récépissé daté et signé avec indication des pièces jointes.

Le ministre fait procéder, s'il y a lieu, à l'instruction de la demande, notamment en provoquant l'avis du conseil municipal de la commune où l'association est établie et un rapport du préfet.

Après avoir consulté les ministres intéressés, il transmet le dossier au Conseil d'État.

ART. 13. — Une copie du décret de reconnaissance d'utilité publique est transmise au préfet ou au sous-préfet pour être jointe au dossier de la déclaration ; ampliation du décret est adressée par ses soins à l'association reconnue d'utilité publique.

CHAPITRE III. — *Dispositions communes aux associations déclarées et aux associations reconnues d'utilité publique.*

ART. 14. — Si les statuts n'ont pas prévu les conditions de liquidation et de dévolution des biens d'une association en cas de dissolution, par quelque mode que ce soit, ou si l'assemblée générale qui a prononcé la dissolution volontaire n'a pas pris de décision à cet égard, le tribunal, à la requête du ministère public, nomme un curateur. Ce curateur provoque, dans le délai déterminé par le tribunal, la réunion d'une assemblée générale dont le mandat est uniquement de statuer sur la dévolution des biens; il exerce les pouvoirs conférés par l'article 813 du Code civil aux curateurs des successions vacantes.

Art. 15. — Lorsque l'assemblée générale est appelée à se prononcer sur la dévolution des biens, quel que soit le mode de dévolution, elle ne peut, conformément aux dispositions de l'article 1er de la loi du 1er juillet 1901, attribuer aux associés, en dehors de la reprise des apports, une part quelconque des biens de l'association.

. . . .

TITRE III

DISPOSITIONS GÉNÉRALES ET DISPOSITIONS TRANSITOIRES

Art. 27. — Chaque préfet consigne par ordre de date sur un registre spécial toutes les autorisations de tutelle ou autres, qu'il est chargé de notifier, et, quand ces autorisations sont données sous sa surveillance et son contrôle, il y mentionne expressément la suite qu'elles ont reçue.

Art. 28. — Les actions en nullité ou en dissolution formées d'office par le ministère public en vertu de la loi du 1er juillet 1901 sont introduites au moyen d'une assignation donnée à ceux qui sont chargés de la direction ou de l'administration de l'association ou de la congrégation.

Tout intéressé, faisant ou non partie de l'association ou de la congrégation, peut intervenir dans l'instance.

Art. 29. — Dans tout établissement d'enseignement privé, de quelque ordre qu'il soit, relevant ou non d'une association ou d'une congrégation, il doit être ouvert un registre spécial destiné à recevoir les noms, prénoms, nationalité, date et lieu de naissance des maîtres et employés, l'indication des emplois qu'ils occupaient précédemment et des lieux où ils ont résidé, ainsi que la nature et la date des diplômes dont ils sont pourvus.

Le registre est présenté sans déplacement aux autorités administratives, académiques ou judiciaires, sur toute réquisition de leur part.

Art. 30. — Les dispositions des articles 1 et 6 du présent règlement sont applicables aux associations reconnues d'utilité publique et aux congrégations religieuses.

Art. 31. — Les registres prévus aux articles 6 et 26 sont cotés par première et par dernière et paraphés sur chaque feuille par le préfet ou son délégué ou par le sous-préfet, et le registre prévu à l'article 29 par l'Inspecteur d'Académie ou son délégué. Les inscriptions sont faites de suite et sans aucun blanc.

MODÈLE DE STATUTS D'UNE SOCIÉTÉ CIVILE

Nous donnons seulement les statuts d'une Société civile, et nous répétons que cette formule nous a été obligeamment communiquée par M. Houpin, dont la compétence et la haute autorité en matière de Sociétés sont universellement reconnues. Nous ne saurions trop le remercier de nous permettre de faire bénéficier nos lecteurs de la grande expérience acquise par la direction de l'important recueil dont il est le rédacteur en chef (1) *et par la publication d'un traité* (2) *très apprécié dans le monde juridique et des affaires. Nous renvoyons à cet ouvrage pour toutes les formules autres que celles publiées ici ; le formulaire qui suit le traité (t. II, p. 499 à 791) est bien étudié, bien complet, et répond à tous les besoins de la pratique.*

Les soussignés :

M. ....

....

M. ....

etc.

Ont arrêté ainsi qu'il suit les statuts d'une Société civile qu'ils ont convenu de former :

TITRE PREMIER

OBJET. — DÉNOMINATION. — SIÈGE. — DURÉE

Article premier. — Il est formé par les présentes une Société purement civile qui existera entre les propriétaires des parts ci-après créées.

Cette Société sera régie par les articles 1832 et suivants du Code civil et par les présents statuts.

(1) *Journal des Sociétés*, mensuel, librairie Larose.

(2) *Traité général des Sociétés civiles et commerciales*, quatrième édition, 1909.

ART. 2. — La Société a pour objet :

La propriété, l'administration et l'exploitation par bail, location ou autrement, d'un immeuble situé à..............., rue..............., qui sera ci-après apporté à la Société ;

L'achat, la prise à bail et la location de tous autres immeubles bâtis ou non bâtis et leur administration et exploitation ;

L'aliénation de la totalité ou de partie des immeubles sociaux par voie de vente, échange ou apport en Société ;

Et généralement toutes opérations quelconques pouvant se rattacher directement ou indirectement aux immeubles, pourvu que ces opérations ne modifient pas le caractère civil de la Société.

ART. 3. — Cette Société prend la dénomination de :

« Société civile immobilière de............... ».

ART. 4. — Sa durée est fixée à......... années à partir de ce jour; mais elle pourra être prorogée ou dissoute par anticipation, par décision de l'assemblée générale des sociétaires.

ART. 5. — Le siège social est à..............., rue...............

Il pourra être transféré dans tout autre endroit par simple décision du Conseil d'administration.

TITRE II

APPORTS. — FONDS SOCIAL. — PARTS D'INTÉRÊT

ART. 6. — M............... fait apport à la présente Société, sous les garanties de droit,

D'un immeuble situé à..............., rue..............., consistant en (*établir la désignation de l'immeuble et, succinctement, son origine de propriété*).

La présente Société aura la propriété et la jouissance de l'immeuble ci-dessus apporté à partir de ce jour.

L'apport qui précède est fait à la charge par la Société :

De prendre ledit immeuble dans l'état où il se trouve ;

De supporter les servitudes passives, apparentes ou occultes, continues ou discontinues, qui peuvent le grever, sauf à la Société à profiter de celles actives, s'il en existe, à ses risques et périls, sans recours contre M..............., apporteur ;

D'acquitter, à compter de ce jour, les contributions, taxes et autres charges auxquelles ledit immeuble peut et pourra être assujetti ;

L'un des originaux des présentes sera transcrit au bureau des hypothèques de............... et, s'il existe des inscriptions, M............... s'oblige à en rapporter les certificats de radiation dans le mois de la mise en demeure qui lui en sera faite.

M.................... déclare :

Qu'il est célibataire majeur (1) et qu'il n'est pas et n'a jamais été chargé de fonctions emportant hypothèque légale ;

Et que l'immeuble dont s'agit n'est grevé d'aucune inscription.

M.................... a remis à la Société les titres de propriété qu'il a en sa possession.

Art. 7. — Le fonds social est composé :

1° De l'immeuble ci-dessus désigné, apporté par M.................... pour la somme de.................... ci . . .

2° Et de la somme de...................., en numéraire, apportée à la Société, savoir :

Par M...................., pour...................., ci . . . . . .

Par M...................., pour...................., ci . . . . .

Et par M...................., pour...................., ci . . . .

Ces sommes seront versées à la Société, ainsi que les susnommés s'y obligent, au fur et à mesure de ses besoins, sur la demande qui en sera faite par le Conseil d'administration (*ou* ces sommes ont été versées dans la caisse sociale, ainsi que tous les associés le reconnaissent).

Ensemble . . . .

Art. 8. — Le fonds social est divisé en .... parts d'intérêt de 1,000 francs chacune.

Il est attribué à M.................... en représentation de son apport immobilier, ... parts entièrement libérées.

Et les autres associés auront droit chacun à autant de parts qu'ils apportent de fois mille francs, c'est-à-dire M.................... à .... parts ; M.................... à .... parts, et M.................... à .... parts.

Art. 9. — La propriété des parts sera constatée par des titres nominatifs, extraits d'un registre à souches, numérotés et signés par deux administrateurs.

Art. 10. — La cession des parts s'opérera par une déclaration de transfert signée par le cédant et le cessionnaire ou leurs fondés de pouvoir et inscrite sur un registre tenu au siège de la Société.

Dans le but de conserver à la Société son caractère d'association de personnes, il est formellement convenu que les parts seront librement cessibles entre associés, mais qu'elles ne pourront être cédées à

(1) Si l'apporteur était marié, il y aurait lieu, soit d'établir les statuts par acte authentique et de faire concourir sa femme à l'apport, soit de faire désister celle-ci de son hypothèque légale par acte authentique séparé, soit encore de remplir les formalités de purge légale.

des personnes étrangères à la Société qu'autant que ces personnes auront été préalablement agréées par le Conseil d'administration.

En cas de cession projetée à une personne étrangère à la Société, le cédant doit en faire la déclaration à la Société par lettre recommandée en indiquant les nom, prénoms, profession et domicile du cessionnaire.

Dans le mois qui suit cette déclaration, le Conseil d'administration statue, à la majorité de ses membres, sur l'acceptation ou le refus du cessionnaire présenté. Sa décision n'est pas motivée, et, en cas de refus, elle ne peut jamais donner lieu à une réclamation quelconque contre ses membres ou contre la Société. Il en est donné connaissance au cédant par lettre recommandée dans les cinq jours de la décision.

Les dispositions qui précèdent sont applicables à tous les cas de cession, même aux cessions qui auraient lieu par adjudication publique en vertu d'ordonnance de justice et aux mutations au profit d'héritiers, donataires ou légataires étrangers autres que le conjoint ou les parents ou alliés d'associés jusqu'au .... degré. Si les héritiers, donataires ou légataires ne sont pas agréés, ils sont tenus de céder leurs parts dans les deux mois de la notification de la décision du Conseil d'administration, soit à des associés, soit à des personnes désignées par ledit Conseil, moyennant un prix qui, sauf entente entre les intéressés, sera fixé à 1000 francs par part.

Art. 11. — Chaque part donne droit, dans la propriété de l'actif social et dans la répartition des bénéfices, à une fraction proportionnelle au nombre des parts existantes.

Art. 12. — Dans leurs rapports respectifs, les associés sont tenus des dettes et engagements de la Société chacun dans la proportion du nombre de parts qu'il possède. Vis-à-vis des créanciers de la Société, les associés sont tenus conformément à l'article 1863 du Code civil ; mais dans tous actes qui contiendront des engagements au nom de la Société, et notamment dans ceux relatifs aux emprunts et aux traités d'entrepreneurs que serait appelée à contracter la Société, les administrateurs devront faire renoncer les créanciers au droit d'exercer une action personnelle contre les associés, de telle sorte que lesdits créanciers ne puissent, par suite de cette renonciation, exercer d'actions et de poursuites que contre la présente Société et sur les biens lui appartenant.

Art. 13. — La Société ne sera pas dissoute par la mort de l'un des associés, son interdiction, sa faillite ou déconfiture. En cas de décès de l'un d'eux, la Société continuera avec ses héritiers et représentants (sauf ce qui est stipulé sous l'article 10).

Chaque part est indivisible à l'égard de la Société. Les copropritaires indivis sont tenus de se faire représenter auprès de la Société par un seul d'entre eux.

Les droits et obligations attachés à chaque part la suivent dans quelques mains qu'elle passe. La propriété d'une part emporte de plein droit adhésion aux statuts et aux résolutions prises par l'assemblée générale.

Les héritiers, représentants et créanciers d'un associé ne peuvent, sous aucun prétexte, provoquer l'apposition de scellés sur les biens de la Société, en demander la licitation ou le partage, ni s'immiscer en aucune manière dans son administration ; ils doivent, pour l'exercice de leurs droits, s'en rapporter exclusivement aux inventaires sociaux et aux décisions de l'assemblée générale.

TITRE III

ADMINISTRATION DE LA SOCIÉTÉ

Art. 14. — La Société sera administrée par un Conseil d'administration composé de trois membres au moins et de sept au plus, pris parmi les associés et nommés par l'assemblée générale.

Les membres du Conseil d'administration sont nommés pour six ans, ils sont indéfiniment rééligibles.

Toutefois, le premier Conseil d'administration est composé de :

M.......... président ;

M..........

Et M..........

En cas de décès, démission ou empêchement d'un administrateur, il pourra être pourvu provisoirement à son remplacement par le Conseil, et la première assemblée générale qui suivra confirmera la nomination, s'il y a lieu.

Les fonctions d'administrateurs sont gratuites.

Art. 15. — Le Conseil d'administration se réunira aussi souvent que les besoins de la Société le comporteront, au siège social ou en tout autre endroit fixé par le Président.

La présence de deux administrateurs au moins est nécessaire pour que le Conseil puisse délibérer valablement. Ses décisions sont prises à la majorité des membres présents. En cas de partage, la voix du président est prépondérante. S'il n'y a que deux administrateurs présents, les délibérations doivent être prises à l'unanimité.

Les délibérations du Conseil sont constatées par des procès-verbaux inscrits sur un registre et signés des membres présents.

Les extraits ou copies de ces délibérations sont certifiés et signés par le président du Conseil ou par un autre administrateur.

Art. 16. — Le Conseil d'administration est investi des pouvoirs les plus étendus pour agir au nom de la Société et faire ou autoriser tous les actes et opérations relatifs à son objet.

Il a notamment les pouvoirs suivants, lesquels sont énonciatifs et non limitatifs :

Il administre les biens de la Société, et il la représente vis-à-vis des tiers et de toutes administrations ;

Il consent ou accepte tous baux et locations pour la durée et aux conditions qu'il juge convenables, avec ou sans promesse de vente : il résilie ces baux et locations ;

Il touche les sommes dues à la Société, à tel titre et pour telle cause que ce soit, et il la paie ou ordonnance le paiement de toutes celles qu'elle peut devoir ;

Il règle et arrête tous comptes avec tous créanciers et débiteurs ;

Il fait toutes constructions et fait exécuter tous travaux, réparations et installations, et fait à cet effet tous devis et marchés. Toutefois, lorsque les travaux devront motiver une dépense supérieure à.......... le Conseil ne pourra les exécuter qu'après autorisation de l'assemblée générale ;

Il exerce toutes actions judiciaires, tant en demandant qu'en défendant ;

Il autorise aussi tous traités, transactions, compromis, tous acquiescements et désistements, ainsi que toutes subrogations et toutes mainlevées d'inscriptions, saisies, oppositions et autres droits, avant ou après paiement ;

Il arrête les inventaires et les comptes qui doivent être soumis à l'assemblée générale des associés ; il statue sur toutes propositions à lui faire et arrête l'ordre du jour.

Art. 17. — Le Conseil peut déléguer les pouvoirs qu'il juge convenables à un ou plusieurs de ses membres pour l'administration courante de la Société et l'exécution des décisions du Conseil d'administration.

Il peut, en outre, conférer à telle personne que bon lui semble des pouvoirs pour un ou plusieurs objets déterminés.

Art. 18. — Tous les actes et engagements concernant la Société, décidés par le Conseil, sont signés par deux administrateurs, à moins d'une délégation spéciale du Conseil à un seul administrateur ou à tout autre mandataire.

Les engagements au nom de la Société, et notamment les emprunts et traités d'entrepreneurs, ne pourront être contractés que sous condition que les créanciers acceptent de n'avoir pour garantie que l'actif social, sans pouvoir exercer de recours contre les associés personnellement.

TITRE IV

ASSEMBLÉES GÉNÉRALES

Art. 19. — Les associés sont réunis chaque année en assemblée générale par le Conseil d'administration, avant la fin du mois de mars, aux jour, heure et lieu désignés dans l'avis de convocation.

Des assemblées générales peuvent être convoquées extraordinairement, soit par le Conseil d'administration, soit sur la demande d'un ou plusieurs associés représentant le cinquième de toutes les parts.

Les convocations aux assemblées générales ordinaires ou extraordinaires sont faites par lettres recommandées adressées aux associés cinq jours au moins à l'avance et qui doivent indiquer sommairement l'objet de la réunion.

L'assemblée peut même se réunir sur convocation verbale et sans délai si tous les associés sont présents ou représentés.

Art. 20. — Tous les associés ont le droit d'assister à l'assemblée générale ou de s'y faire représenter par un autre associé.

Lorsque l'assemblée est appelée à délibérer dans des cas autres que ceux prévus à l'article 24 ci-après, elle doit être composée d'associés représentant le tiers au moins de toutes les parts.

Si cette condition n'est pas remplie, l'assemblée générale est convoquée à nouveau, et elle délibère valablement, quel que soit le nombre des parts représentées, mais seulement sur les objets à l'ordre du jour de la première réunion.

Art. 21. — L'assemblée est présidée par le président du Conseil d'administration ou, à son défaut, par un autre administrateur assisté d'un secrétaire nommé par l'assemblée.

Il est tenu une feuille de présence ; elle contient les noms et domiciles des associés présents et représentés et le nombre de parts possédées par chacun d'eux. Elle est signée pour tous les associés présents.

Art. 22. — Les délibérations sont prises à la majorité des voix des associés présents, sauf ce qui est stipulé à l'article 24.

Chaque membre de l'assemblée a autant de voix qu'il possède ou représente de parts, sans limitation (ou sans qu'il puisse réunir, tant en son nom que comme mandataire, plus de .... voix).

Art. 23. — L'assemblée générale ordinaire entend le rapport du Conseil d'administration sur les affaires sociales ; elle discute, approuve ou redresse les comptes et fixe les bénéfices à répartir.

Elle nomme ou remplace les administrateurs, s'il y a lieu ;

Elle autorise tous actes excédant les pouvoirs des administrateurs, notamment l'exécution de travaux devant entraîner une dépense supérieure à .... ; les acquisitions, échanges et ventes d'immeubles, les emprunts et les constitutions d'hypothèque ;

Elle délibère sur toutes propositions portées à l'ordre du jour.

ART. 24. — L'assemblée générale extraordinaire peut, sur l'initiative du Conseil d'administration (1), apporter toutes modifications aux statuts.

Elle peut décider notamment :

L'augmentation ou la réduction du fonds social, sa division en parts d'un type autre que celui de 1000 francs ;

La prorogation, la réduction de durée ou la dissolution anticipée de la Société ;

La fusion ou alliance de la Société avec d'autres Sociétés constituées ou à constituer ;

La transformation de la Société en toute autre forme de société, notamment en société anonyme.

Mais, dans les cas prévus ci-dessus, l'assemblée générale ne peut délibérer valablement que si elle réunit des associés représentant les deux tiers au moins de toutes les parts, et les délibérations doivent être prises à la majorité des trois quarts des voix des associés présents.

ART. 25. — Les délibérations de l'assemblée générale sont constatées par des procès-verbaux inscrits sur un registre spécial et signés par le président et le secrétaire.

Les copies ou extraits de ces procès-verbaux à produire en justice ou ailleurs sont signés par un administrateur.

ART. 26. — L'assemblée générale, régulièrement constituée, représente l'universalité des associés. Ses délibérations, prises conformément aux statuts, obligent tous les associés, même les dissidents et les absents.

TITRE V

INVENTAIRE. — RÉPARTITION DES BÉNÉFICES

ART. 27. — Le Conseil d'administration tiendra une comptabilité régulière des opérations sociales.

Il établira chaque année, au trente et un décembre, un inventaire contenant l'indication de l'actif et du passif de la Société.

ART. 28. — Les produits nets de la Société constatés par l'inven-

(1) *Ajouter, s'il y a lieu* : ou à la demande d'associés représentant au moins le quart au moins des parts.

taire annuel, déduction faite des frais généraux, des charges sociales (comprenant notamment l'intérêt et l'amortissement annuel des emprunts) et de tous amortissements, constituent les bénéfices.

Ces bénéfices, sauf la partie qui serait mise en réserve par l'assemblée générale, seront distribués entre les associés proportionnellement au nombre de parts possédées par chacun d'eux.

TITRE VI

DISSOLUTION. — LIQUIDATION. — CONTESTATIONS

Art. 29. — En cas de perte de la moitié du capital social, l'assemblée générale doit être convoquée à l'effet de statuer sur la question de savoir s'il y a lieu de continuer la Société ou de prononcer sa dissolution.

Art. 30. — A l'expiration de la Société ou en cas de dissolution anticipée, l'assemblée générale règle, sur la proposition du Conseil d'administration, le mode de liquidation et nomme un ou plusieurs liquidateurs dont elle détermine les pouvoirs.

Les liquidateurs peuvent, en vertu d'une délibération de l'assemblée générale, faire l'apport à une autre Société, civile ou commerciale, ou la cession à une autre Société ou à toute autre personne, de tout ou partie des biens, droits et obligations de la Société dissoute.

L'assemblée générale, régulièrement constituée, conserve pendant la liquidation les mêmes attributions que durant le cours de la Société; elle a notamment le pouvoir d'approuver les comptes de la liquidation et de donner quitus aux administrateurs.

Le produit net de la liquidation, après le règlement des engagements sociaux, est réparti entre les associés proportionnellement au nombre de parts possédées par chacun d'eux.

Art. 31. — Toutes contestations qui peuvent s'élever entre associés, au sujet des affaires sociales, pendant le cours de la Société ou de sa liquidation, sont jugées conformément à la loi et soumises à la juridiction des tribunaux compétents de l'arrondissement de..................

A cet effet, en cas de contestation, tout associé doit faire élection de domicile dans le dit arrondissement, et toutes assignations sont régulièrement faites à ce domicile.

A défaut d'élection de domicile, les assignations et significations sont valablement faites au Parquet de M. le Procureur de la République près le tribunal civil de..................................

Fait en autant d'originaux que de parties à..................................
le..

Nota. — *S'il n'était pas fait d'apport immobilier à la Société (si par exemple elle était formée en vue d'acheter un immeuble), on supprimerait l'article 6, et dans l'article suivant ce qui a trait à l'apport. La rédaction du dernier article énoncerait seulement la composition du capital social en numéraire.*

MODÈLES DE STATUTS D'ASSOCIATIONS

PREMIER MODÈLE PLUS DÉVELOPPÉ (1)

TITRE PREMIER

BUT ET COMPOSITION DE L'ASSOCIATION

ARTICLE PREMIER. — L'association, fondée conformément aux articles 5 et 6 de la loi du 1er juillet 1901, a pour but d'aider au développement de l'enseignement et de l'éducation populaires, principalement dans le département de... ou la commune de... (ou tout autre but).

Elle prend le nom de (2)...

L'association a son siège à... (telle adresse).

Toute modification de ce siège pourra être autorisée par le Conseil d'administration *à charge de faire dans les trois mois la déclaration prescrite par l'article 5 de la loi du 1er juillet* 1901 *à la préfecture ou à la sous-préfecture.*

Mention en sera faite sur le registre spécial, qui devra être présenté aux autorités administratives ou judiciaires, toutes les fois qu'elles en feront la demande, conformément au même texte.

La durée de l'association sera de... années à partir de la déclaration qui sera faite de son existence à l'administration — ou : la durée de la société sera illimitée (3).

(1) Le présent modèle de statuts reproduit, dans plusieurs de ses passages, les dispositions de la loi du 1er juillet 1901 ou celles du décret du 16 août. Cette reproduction n'a rien d'obligatoire : il est seulement utile de la faire pour les associations composées de personnes qui ne connaissent ni ne possèdent les textes législatifs, et que les statuts empêcheront alors de s'en écarter. Mais, si on préfère avant tout des statuts brefs, on pourra supprimer les passages dont il s'agit ; nous les imprimons à cet effet en italiques.

(2) Éviter toute dénomination ayant un caractère religieux.

(3) A raison de la disposition de l'article 4 de la loi du 1er juillet 1901, la durée limitée pourra être préférable toutes les fois que l'association devra faire une œuvre pour laquelle elle aura besoin de pouvoir compter sur des cotisations régulièrement servies pendant un nombre d'années déterminé.

ART. 2. — Les moyens d'action de l'association sont notamment la fondation et l'entretien total ou partiel d'écoles de tous ordres, principalement d'écoles primaires ou professionnelles, l'organisation de cours, conférences, concours, avec ou sans prix ou récompenses, la publication de mémoires ou autres travaux, l'allocation aux élèves et anciens élèves de bourses ou pensions (1).

ART. 3. — L'association se compose de membres titulaires, et de membres... (Ajouter, si l'on veut, aux membres titulaires des membres honoraires, auxiliaires, correspondants.)

Pour être membre de l'association à l'un des titres ci-dessus, il faut : 1° être agréé par le Conseil d'administration, qui réglera, s'il y a lieu, les engagements à souscrire ; 2° payer une cotisation annuelle si l'on est membre titulaire, de... ; si l'on est membre (qualité), de... ; si l'on est membre (qualité), de...

La cotisation peut être rachetée par un unique versement d'une somme de... (2).

ART. 4. — La qualité de membre de l'association se perd :

1° Par la démission (3) ;

2° Par la radiation prononcée, pour motifs graves, par le Conseil d'administration, le membre intéressé ayant été préalablement appelé à fournir ses explications.

TITRE II

ADMINISTRATION ET FONCTIONNEMENT

ART. 5. — L'association est administrée par un Conseil composé de... membres, élus pour... ans par l'assemblée générale.

En cas de vacance, le Conseil pourvoit au remplacement de ses membres, sauf ratification par la plus prochaine assemblée générale.

Le renouvellement du Conseil a lieu... (4).

Les membres sortants sont rééligibles. Ce Conseil choisit, parmi ses membres, un bureau composé des président, vice-président, secrétaire, trésorier (5).

(1) On peut assigner à l'association un but ou plus restreint ou plus étendu suivant les circonstances.

(2) Ne pas inscrire ici plus de 500 francs.

(3) N'insérer ces mots aux statuts que pour les associations à durée illimitée.

(4) Le renouvellement peut avoir lieu soit intégralement, soit par moitié, tiers quart ou cinquième, suivant la durée du mandat.

(5) On peut supprimer un ou deux de ces dignitaires ; il faut prévoir au moins un président et un secrétaire-trésorier.

Le bureau est élu pour... an.

Les noms, professions et domiciles de tous ceux qui, à un titre quelconque, sont chargés de l'administration ou de la direction de l'association, et tous les changements survenus à cet égard sont déclarés à la préfecture ou à la sous-préfecture dans le délai de trois mois, et ces déclarations sont en outre consignées sur le registre spécial prescrit par l'article 5 *de la loi du* 1er *juillet* 1901.

Art. 6. — Le Conseil se réunitc haque fois qu'il est convoqué par son président, ou sur la demande de moitié de ses membres. La présence de moitié des membres du Conseil d'administration est nécessaire pour la validité des délibérations.

Il est tenu procès-verbal des séances.

Les procès-verbaux sont signés par le président ou le secrétaire.

Art. 7. — Toutes les fonctions de membre du Conseil d'administration et du bureau sont gratuites.

Art. 8. — L'assemblée générale des membres (1) de l'association se réunit... (2) et, en outre, chaque fois qu'elle est convoquée par le Conseil d'administration, spontanément, ou sur la demande de moitié au moins des membres. Les convocations sont faites dans la forme réglée par le Conseil.

L'ordre du jour est réglé par le Conseil.

Le bureau est celui du Conseil.

Elle entend les rapports faits par le Conseil d'administration sur sa gestion et autres objets que le Conseil juge utiles.

Elle approuve les comptes de l'exercice clos, délibère sur les questions mises à l'ordre du jour, et pourvoit au renouvellement des membres du Conseil d'administration.

Chaque associé a une voix. Il peut se faire représenter par un autre associé, sans qu'un même membre de l'assemblée puisse ainsi réunir plus de dix voix.

Art. 9. — L'association est représentée en justice et dans tous les actes de la vie civile par... (3).

Le représentant de la Société doit jouir du plein exercice de ses droits civils.

Il peut se faire représenter dans tout ou partie des actes par un mandataire.

Art. 10. — Les délibérations du Conseil d'administration relatives aux acquisitions, échanges et aliénations d'immeubles, aliénations de

(1) En général, elle est composée seulement des membres titulaires ; mais elle peut comprendre aussi statutairement des membres des autres catégories désignées à l'article 3.

(2) L'assemblée doit se réunir au moins une fois par an.

(3) Le président, ou le trésorier, ou le secrétaire.

biens dépendant du fonds de réserve, emprunts, constitutions d'hypothèques, ne sont valables qu'après l'approbation de l'Assemblée générale. Tous les autres actes permis à l'association sont du ressort du Conseil d'administration seul.

Art. 11. — Conformément au droit commun, le patrimoine de l'association répondra seul des engagements contractés sans qu'aucun des membres de l'association puisse en être tenu personnellement.

Les acquisitions et aliénations d'immeubles feront l'objet des déclarations prescrites par l'article 3 du décret du 16 août 1901, un état descriptif y sera joint en cas d'acquisition et, dans tous les cas, indication sera faite des prix d'acquisition et d'aliénation.

TITRE III

RESSOURCES ANNUELLES ET FONDS DE RÉSERVE

Art. 12. — Les ressources annuelles de l'association se composent :

1° Des cotisations de ses membres;

2° Des subventions qui pourront lui être accordées;

3° Enfin, du revenu de ses biens et valeurs de toute nature.

Art. 13. — Le fonds de réserve comprend :

1° Les sommes versées pour le rachat des cotisations ;

2° Les économies réalisées sur les ressources annuelles, et qui seraient spécialement affectées à la réserve par décision de l'assemblée générale.

Art. 14. — Le fonds de réserve est employé :

1° Aux paiements du prix d'achat des immeubles que l'association est autorisée à posséder, *c'est-à-dire du local destiné à l'administration de l'association et à la réunion de ses membres, et des immeubles nécessaires à l'accomplissement du but de l'association;*

2° Aux placements que décidera et fera le Conseil d'administration (1).

TITRE IV

MODIFICATION DES STATUTS. — DISSOLUTION

Art. 15. — Les statuts ne peuvent être modifiés que sur la proposition du Conseil d'administration, ou sur celle de moitié des membres

(1) Si on le croit meilleur, on obligera le Conseil d'administration à solliciter de l'assemblée générale, soit une autorisation pour chaque placement, soit la détermination des genres de placements dans la limite desquels devrait se tenir le Conseil d'administration.

titulaires, soumise au bureau au moins un mois avant la séance. L'assemblée extraordinaire, spécialement convoquée à cet effet, ne peut modifier les statuts qu'à la majorité des deux tiers des membres présents.

Cette assemblée doit se composer de moitié plus un, au moins, des membres en exercice.

Art. 16. — L'assemblée générale, appelée à se prononcer sur la dissolution de l'association et convoquée spécialement à cet effet, doit comprendre, au moins, la moitié plus un des membres en exercice. Si cette proportion n'est pas atteinte, l'assemblée est convoquée de nouveau, mais à quinze jours au moins d'intervalle, et cette fois elle peut valablement délibérer, quel que soit le nombre des membres présents.

Art. 17. — *Les modifications aux statuts seront, à la diligence des directeurs ou administrateurs, déclarées à la préfecture ou à la sous-préfecture dans le délai de trois mois, et consignées sur le registre spécial de la Société, avec mention de la date du récépissé de la déclaration, conformément aux articles* 5 *de la loi du* 1er *juillet* 1901, 5 *et* 6 *du décret du* 16 *août* 1901.

Art. 18. — En cas de dissolution volontaire ou obligatoire, l'assemblée générale désigne un ou plusieurs commissaires chargés de la liquidation des biens de l'association. Elle indique les conditions dans lesquelles les membres de l'association pourront être admis à reprendre leurs cotisations et leurs apports, et l'emploi qui sera fait du surplus de l'actif net.

TITRE V

RÈGLEMENT INTÉRIEUR ET PUBLICATIONS

Art. 19. — Un règlement intérieur sera fait, s'il y a lieu, par le Conseil d'administration, avec l'agrément de l'assemblée générale, et déterminera les conditions de détail propres à assurer l'exécution des présents statuts, notamment celles relatives au personnel que l'association emploierait.

Il pourra toujours être modifié dans la même forme.

Art. 20. — *Les administrateurs feront, préalablement au fonctionnement de l'association, les déclarations à la préfecture ou à la sous-préfecture, prescrites par l'article* 5 *de la loi du* 1er *juillet* 1901, *indiquant le siège social, le titre et l'objet de l'association, le siège de ses établissements, et les noms, professions et domiciles de tous ceux qui, à un titre quelconque, sont chargés de son administration ou de sa direction, en joignant à cette déclaration deux exemplaires des présents statuts.*

Ils feront publier également, dans le délai d'un mois, au Journal officiel, *un extrait contenant la date de la déclaration, le titre et l'objet de l'association et l'indication du siège social, conformément à l'article 1er du décret du 16 août* 1901.

Ils feront faire également toutes autres publications nécessaires, et notamment celles plus haut mentionnées et celles relatives à la création de nouveaux établissements ; ils réclameront tous récépissés utiles, conformément à l'article 3 du décret du 16 août 1901 (1).

DEUXIÈME MODÈLE PLUS SIMPLE

ARTICLE PREMIER. — Il est formé entre :

1° 2° 3°

et les autres personnes qui remplissent les conditions ci-dessous indiquées, une association devant satisfaire aux conditions et avoir les droits prévus par les articles 5 et 6 de la loi du 1er juillet 1901.

Elle a pour objet la création et l'entretien de... (Nommer les établissements).

Elle prend le nom de... (2).

Son siège social est à... (telle adresse).

Il pourra être transféré, par délibération du Conseil d'administration, dans tout autre endroit de... (Désigner la circonscription.)

Sa durée sera de... années, à partir de la déclaration qui sera faite à l'administration, de son existence (*ou :* Sa durée sera illimitée) (3).

ART. 2. — L'association se compose de membres titulaires et de membres... (Ajouter, si l'on veut, aux membres titulaires, des membres honoraires, auxiliaires, correspondants.)

Pour être membre de l'association à l'un des titres ci-dessus, il faut : 1° être agréé par le Conseil d'administration, qui réglera, s'il y a lieu, les engagements à souscrire ; 2° payer une cotisation annuelle,

si l'on est membre titulaire, de...
si l'on est membre (qualité), de...
si l'on est membre (qualité), de...

(1) Si l'on veut rappeler ces prescriptions tirées de la loi ou du décret sans les reproduire, on pourra adopter la rédaction suivante : « Le Conseil d'administration remplira les formalités de déclarations, publications, réclamations de récépissés, prescrites par la loi du 1er juillet 1901 et le décret du 16 août 1901. Tous pouvoirs sont donnés à cet effet au représentant de l'association instituée par l'article 9. »

(2) Éviter toute dénomination ayant un caractère religieux.

(3) Même observation que pour l'article 1er, § 6, du premier modèle

La cotisation peut être rachetée par un unique versement d'une somme de... (1).

Art. 3. — La qualité de membre de l'association se perd :

1° Par la démission (2) ;

2° Par la radiation prononcée pour motifs graves par le Conseil d'administration, le membre intéressé ayant été préalablement appelé à fournir ses explications.

Art. 4. — L'association est administrée par un Conseil composé de... membres élus pour... ans par l'assemblée générale.

En cas de vacance, le Conseil pourvoit au remplacement de ses membres, sauf ratification par la plus prochaine assemblée générale.

Le renouvellement du Conseil a lieu... (3).

Les membres sortants sont rééligibles.

Ce Conseil choisit, parmi ses membres, un bureau composé d'un président, d'un vice-président, d'un secrétaire et d'un trésorier (4).

Le bureau est élu pour... ans.

Toutes ces fonctions sont gratuites.

Art. 5. — L'assemblée générale des membres... (5) de l'association se réunit... et, en outre, chaque fois qu'elle est convoquée par le Conseil d'administration, spontanément, ou sur la demande de moitié au moins des membres. Les convocations sont faites dans la forme réglée par le Conseil.

L'ordre du jour est réglé par le Conseil.

Le bureau est celui du Conseil.

Elle approuve les comptes de l'exercice clos, délibère sur les questions mises à l'ordre du jour, et pourvoit au remplacement des membres du Conseil d'administration.

Chaque associé a une voix. Il peut se faire représenter par un autre associé, sans qu'un même membre de l'assemblée puisse ainsi réunir plus de dix voix.

Art. 6. — L'association est représentée en justice et dans tous les actes de la vie civile autorisée comme il va être dit par... (6).

(1) Ne pas inscrire ici plus de 500 francs.

(2) N'insérer ces mots que dans les statuts d'association à durée illimitée.

(3) Le renouvellement peut avoir lieu, soit intégralement, soit par moitié, tiers, quart ou cinquième, suivant la durée du mandat.

(4) On peut supprimer un ou deux de ces dignitaires ; il faut prévoir au moins un président et un secrétaire-trésorier.

(5) En général, elle est composée seulement des membres titulaires ; mais elle peut comprendre aussi statutairement des membres des autres catégories désignées à l'article 2.

(6) Le président, ou le trésorier, ou le secrétaire, ou un membre du Conseil à ce délégué par le Conseil.

Tous pouvoirs sont donnés audit représentant pour remplir les formalités de déclarations, publications, réclamations de récépissés, prescrites par la loi du 1er juillet 1901 et le décret du 16 août 1901.

ART. 7. — Les délibérations du Conseil d'administration relatives aux acquisitions, échanges et aliénations d'immeubles, emprunts, constitutions d'hypothèques, ne sont valables qu'après l'approbation de l'assemblée générale. Tous les autres actes permis à l'association sont du ressort du Conseil d'administration seul.

ART. 8. — Conformément au droit commun, le patrimoine de l'association répondra seul des engagements contractés, sans qu'aucun des membres de l'association puisse en être tenu personnellement.

ART. 9. — Les statuts peuvent être modifiés, ou la dissolution de l'association peut être prononcée par une assemblée générale convoquée par le Conseil d'administration (qui devra obtempérer à toute réquisition que lui ferait à cet effet la moitié au moins des associés). Cette assemblée ne pourra statuer qu'à la majorité des deux tiers des membres présents.

ART. 10. — En cas de dissolution volontaire ou obligatoire, l'assemblée générale désigne un ou plusieurs commissaires chargés de la liquidation des biens de l'association. Elle indique les conditions dans lesquelles les membres de l'association pourront être admis à reprendre leurs cotisations et leurs apports, et l'emploi qui sera fait du surplus de l'actif net.

FORMALITÉS DE PUBLICITÉ A REMPLIR

au nom des associations ou unions déclarées

I. — *Formalités initiales assurant l'existence légale de l'association et lui permettant de fonctionner régulièrement dans la limite de ses statuts.*

A. Déposer à la préfecture, dans l'arrondissement chef-lieu, ou à la sous-préfecture de l'arrondissement (à Paris, à la préfecture de police, cabinet du préfet, 2e bureau, 2e section ; à Lyon, à la préfecture, section de la police, bureau des associations) :

1° Une déclaration sur papier timbré à 0 fr. 60, contenant le titre et l'objet de l'association, l'indication de son siège social et de ses établissements (les unions déclarent en outre le titre, l'objet et le siège des associations adhérentes), les noms, prénoms, professions et adresses de tous les administrateurs ou directeurs ;

La signature d'un seul membre du Conseil d'administration, du Président par exemple, suffit pour rendre cette déclaration valable;

2° Deux exemplaires des statuts, également établis sur papier timbré à 0 fr. 60, et certifiés conformes soit par le Président soit par un membre du Conseil d'administration ;

3° Un registre à pages numérotées, destiné à relater ultérieurement les modifications apportées aux statuts et les changements survenus dans l'administration ou la direction de l'association. Ce registre sera retourné au siège social, où il doit demeurer, après avoir été visé sur la première page et paraphé sur les autres par le préfet ou le sous-préfet ou par leur délégué.

4° Une somme de 0 fr. 60, ou une feuille de papier timbré du même prix en blanc, pour la délivrance du récépissé.

Ledit récépissé, daté et signé, constatant l'accomplissement de la déclaration et énumérant les pièces déposées, est renvoyé dans les trois jours.

B. Dans le mois à compter du dépôt de la déclaration, faire insérer au *Journal officiel* une note indiquant brièvement le titre, l'objet, le siège social de l'association, ainsi que la date de la déclaration telle qu'elle résulte du récépissé.

S'adresser pour cette insertion à l'agence Lagrange et Cerf, 8, place de la Bourse, à Paris. — Prix, 3 francs la ligne. La réponse est donnée par retour du courrier.

(Modèle d'insertion : *Association de... Objet : création et propagation d'œuvres d'enseignement. Siège social :... Déclaration du...*)

La reproduction de l'extrait publié dans l'*Officiel* au Recueil des actes administratifs de la préfecture est faite par les soins du Préfet, sans intervention obligatoire des représentants de l'association. Ceux-ci sont libres toutefois de remettre à la préfecture ou à la sous-préfecture qui a reçu la déclaration un numéro de l'*Officiel* contenant l'insertion.

II. — *Formalités de publicité postérieures à la constitution de l'association.*

Pour tous changements dans l'administration ou la direction de l'association (changement dans le personnel du Conseil d'administration, changement de siège social, fondation de nouveaux établissements, adhésion de nouvelles associations pour une union, acquisitions ou aliénations d'immeubles) et pour toutes modifications dans les statuts, l'association ou l'union doit :

A. Déposer à la préfecture ou à la sous-préfecture qui a reçu la déclaration initiale :

1° Une déclaration sur papier timbré à 0 fr. 60 signalant lesdits changements ou modifications, sous la signature du Président ou d'un membre du Conseil ;

2° Une somme de 0 fr. 60 ou une feuille de papier timbré du même prix en blanc, pour la délivrance du récépissé ;

3° Un état descriptif en cas d'acquisition immobilière, et l'indication des prix d'acquisition ou d'aliénation immobilière, sur papier timbré à 0 fr. 60. Ces indications peuvent figurer sur la même feuille que l'acte de déclaration.

Ledit dépôt doit être effectué dans les trois mois à compter du jour où le changement est devenu définitif, par exemple, pour une modification des statuts, à partir du jour où elle a été adoptée par l'assemblée générale.

B. Mentionner lesdits changements et les dates des récépissés à eux relatifs sur le registre à pages numérotées conservé au siège social, de suite et sans blanc.

Il n'y a pas lieu à insertion au *Journal officiel* pour ces changements ou modifications.

BIBLIOTHÈQUE NATIONALE R.F. IMPRIMÉS

TABLE DES MATIÈRES

CHAPITRE PREMIER

SOCIÉTÉS

SECTION I. — *Contrat de Société. — Caractères. — Applications.*

SECTION II. — *Diverses sortes de Sociétés.*

SECTION III. — *Constitution et fonctionnement des diverses sortes de Sociétés.*

CHAPITRE II

ASSOCIATIONS

SECTION III. — *Associations déclarées.*

SECTION IV. — *Associations reconnues d'utilité publique.*

Section V. — *Unions d'associations.*

CHAPITRE III

LÉGISLATION FISCALE

Section I. — *Sociétés.*

Section II. — *Associations.*

Section III. — *Formalités à remplir par les Sociétés et associations et droit de communication des agents.*

SECTION IV. — *Taxe de mainmorte.*

ANNEXES

La Chapelle-Montligeon (Orne). — Imprimerie de Montligeon. — 5-09.